전국 국 어 교 사 모 임 과   함 께 하 는

멘토의 국어 수업 작문

전국국어교사모임과 함께하는
멘토의 국어 수업: 작문

초판 1쇄 발행 2026년 1월 15일

지은이 　 최인영 김수연 김윤형 이기주 이연화 최종민
펴낸이 　 이영선
책임편집 　 김선정
교정교열 　 안주영

편집 　 이일규 김선정 김문정 김종훈 이현정 조유진
디자인 　 김회량 위수연
독자본부 　 김일신 손미경 정혜영 김연수 김민수 박정래 김인환

펴낸곳 서해문집 | 출판등록 1989년 3월 16일(제406-2005-000047호)
주소 경기도 파주시 광인사길 217(파주출판도시)
전화 (031)955-7470 | 팩스 (031)955-7469
홈페이지 www.booksea.co.kr | 이메일 shmj21@hanmail.net

ISBN 979-11-94413-79-0 04370
ISBN 979-11-94413-77-6 (세트)

전국국어교사모임과 함께하는

멘토의 국어 수업 작문

생활글에서 칼럼까지
진짜 쓰기를 찾아가는 법

최인영 김수연 김윤형
이기주 이연화 최종민
지음

서해문집

그러니까 이 책은 공주에서 피어올랐습니다

그동안 전국국어교사모임(전국모)이 열어준 공부 자리를 참 많이도 찾아다녔습니다. 그곳에서 만난 눈 맑은 선생님들과 함께 나눴던 이야기는 강물처럼 흘러들어 우리를 적셨습니다. 그곳에서 얻은 살뜰한 배움은 힘든 순간마다 샘물처럼 솟아올라 아이들을 다시 만나게 하는 기운이 되었습니다. 2023년 1월의 전국모 겨울 연수도 그랬습니다. 공주의 구도심을 가르는 제민천 가에서 만난 선생님들은 생기가 넘쳤습니다. 돌림병의 지난한 시간이 이런 배움의 자리를 더욱 갈망하게 했을까요? 어느 때보다도 뜨거웠던 그날의 열기는 지금 돌이켜봐도 대단했습니다. 국어 수업 하나만으로도 선생님들의 이야기는 멈출 새가 없었습니다. 분명 우리는 서로를 향해 있었습니다. 연수를 마치고 눈 쌓인 부소산성 길을 걸으며 우리가 만난 선생님들의 눈빛을 떠올렸습니다. 이들을 위한 내비게이션과 같은 안내서가 있으면 좋겠다 싶었습니다. 그래서 지역 모임으로 돌아가 현장의 선생님들과 함께 그동안 국어 수업을 하며 품었던 궁금증을 차곡차곡 쌓아 올렸습니다. 그리고 그 질문의 꼭대기에 거뜬히 올라 우리의 멘토가 되어줄 선생님들을 수소문했습니다. 이렇게 전국모가 낳은 내로라하는 고수들에게 2년여를 묻고, 묻고, 또 물어 얻은 대답이《멘토의 국어 수업》입니다.

그러니까 이 책은 공주에서 피어올랐습니다. 더 나은 국어 수업을 향한 수많은 마음이 이 책을 낳은 것입니다. 그래서 이 책의 내용은 화법, 작문, 독서, 문학, 매체, 문법 등 영역을 가리지 않고, 결국 '어떻게 더 나은 국어 수업을 할 수 있을까?'로 수렴됩니다. 국어 수업에 막 발을 들여 앞길이 막막할 때, 어느 순간부터 수업이 막혀 고민이 깊어질 때, 지금까지의 수업을 한 단계 더 끌어올리고 싶을 때, 여기 실린 멘토들의 귀한 대답이 길을 밝혀줄 것입니다. 이론과 실제를 넘나들기에 이 책은 국어 수업을 관통하는 철학서이자, 교실에서 바로 활용 가능한 실용서라 할 수 있습니다. 이 책을 통해 많은 선생님이 전국모를 대표하는 멘토들을 곁에 두고, 언제든 쉽게 만날 수 있기를 바랍니다. 밤낮으로 애쓴 글쓴이들과 서해문집 출판사가 있어 이 아름다운 책이 세상에 나왔습니다. 깊이 감사드립니다.

경기국어교사모임 회장 김형태
연수국장 김선산

누군가의 진심이
다른 누군가에게 닿을 때

"어떻게 하면 말에게 물을 먹일 수 있습니까?"라고 물으면
일등 교사는 이렇게 대답할 것이다. "내가 비법을 알려주지. 이
방법대로만 하면 이 세상의 모든 말이 반드시 물을 마실 것이야."
이등 교사는 그 비법은 알지 못하고, 다만 어디로 가면 물이
있는지 알려줄 뿐이다. 나는 삼등 교사라 이도 저도 모르니, 그저
말과 함께 달릴 뿐이다. 목마른 말이 스스로 물을 찾기를 바라며.

연암 박지원은《열하일기》에서 일등 선비와 이등 선비의
겉치레를 꼬집으며, 자기는 삼등 선비라 깨진 기와 조각과
똥거름에서도 배울 게 있다고 외쳤습니다. 글쓰기 수업도
비슷합니다. 모두에게 통하는 비법은 없습니다. 교사가 학생의
손을 잡고 함께 달리는 수밖에 없습니다.
그러다 보니 글쓰기는 배우는 학생뿐 아니라 가르치는
교사에게도 버겁습니다. '나도 잘 쓰지 못하는데 학생들을 어떻게
가르쳐?'라는 생각에 수박 겉만 핥고 넘어가곤 합니다. 이런

'주저함'이 모여 이 책이 되었습니다.

서두의 '대담'에서는 멘토와 멘티 교사들이 주고받은 문답을 갈무리했습니다. 쓰기를 넘어 국어교육, 더 나아가 가르치는 일이 어떠해야 하는지에 대한 철학을 담았습니다. 뒤이어 다섯 선생님의 쓰기 수업 사례를 모았습니다. 다섯 사례는 계획하기부터 고쳐쓰기까지 저마다 무게 중심이 다릅니다. 또한 겪은 일, 칼럼, 서평, 설명문, 선언문까지 갈래를 폭넓게 펼쳐서 수업에 바로 활용할 수 있도록 했습니다.

이 책을 쓰면서 우리가 한 수업을 독자들이 이해하도록 정리하는 일은 '번역'과 닮았다고 느꼈습니다. 혼자 수업할 때는 나 스스로를 설득하지 않아도 됩니다. 하지만 독자와 소통하려면 왜 이런 수업을 구상했는지, 어떻게 진행했는지를 훤히 드러내야 합니다. 그래야 우리의 진심이 독자 여러분에게 오롯이 닿을 수 있겠죠. 그리고 여러분의 진심이 수업을 통해 학생들에게 닿고, 그래서 학생들이 또 다른 누군가의 마음을 울리는 글을 쓸 수 있다면 참 좋겠습니다.

쓰기 수업에서는 기술이 아니라 '마음'이 중요하다고 생각합니다. '내가 너희와 함께 기꺼이 달릴게'라는 마음이 학생들에게 닿을 때, 그때 비로소 글쓰기 수업이 시작된다고 믿습니다.

이 책을 함께 만든 사람들이 마음을 담아 올립니다

차례

[설명문 쓰기] 내 친구가 독자라면! · 224

생각그물부터 동료 첨삭까지 전략적 글쓰기 5단계

쓰기 교육의 길 찾기

멘토: 최인영

어쩌다, 쓰기?

쓰기 교육의 길 찾기

2004년 무렵이었습니다. 전국국어교사모임에서 김수업 선생님을 모시고 프랑스 교육과정과 교과서를 공부했죠. 정말 인상 깊었습니다. 소설 하나를 읽더라도 먼저 거기에 등장하는 어휘를 익히고, 그걸로 문법을 공부하고, 작품을 내재적·외재적으로 두루 감상하고 토론한 뒤 그걸 바탕으로 글 한 편을 쓰며 마무리하더라고요. 전체 영역을 통합해 가르치되, 쓰기로 모든 영역을 갈무리하는 방식이었습니다. 그래서 저도 수업에 쓰기를 조금씩 녹여 넣었습니다. 시를 읽으면 시를 쓰게 하고, 수필을 읽으면 수필을 쓰게 하고, 소설을 읽으면 서평을 쓰게 했죠.

그러다 2010년에 제 수업에 큰 변화가 생겼습니다. 제가 근무하던 고등학교가 자율형사립고로 전환됐는데, 저는 맨 앞에 서서 반대했습니다. 안타깝게도 전환을 막지 못했고, 2010년에는 자사고 1학년과 일반고 2~3학년이 함께 있는 어정쩡한 학교가 됐습니다. 학교에서는 자사고 1학년을 위해 교복을 바꾸자는 말까지 나올 정도였어요. 3학년이야 입시가 코앞이고 이제 곧 졸업하니 시큰둥했지만, 2학년의 박탈감과 동요는 대단했죠.

저는 일부러 2학년 담임을 신청했습니다. 그 아이들과 뭔가 의미 있는 걸 하고 싶었습니다. 보여주고 싶었습니다. 그래서 아이들을 독하게 다그쳤습니다. 2학년 문학 과목이었는데, 아이들이 글을 정말 많이 썼고 연말에는 각자 '나만의 책'으로 엮었습니다. 270명의 책을 10권씩 인쇄하니 2700권이었죠. 강당에서 전시회를 열고 모금도 함께 진행해 유니세프에 기부했습니다. 당시 일곱 개 언론사에서 취재를 나왔고, 그 덕분에 대학 입시에서도 좋은 성과가 있었습니다. 그 수업 사례를 정리해 석사 학위 논문을 쓰고, 전국에 다니며 발표도 많이 했죠. 저를 쓰기 교육 전문가라고 소개하셨는데, 전문가는 아니고 전도사가 적당하지 않을까 싶어요. 쓰기에 마음을 쏟은 지 어느덧 20년 정도 됐네요.

처음부터 20년을 하겠다는 굳은 결심이 있었던 건 아니고요. 어쩌다 보니 20년이 됐습니다. 어쩌다 '쓰기'에, 어쩌다 '20년'이었네요. 그런데 20년이 쌓이니 그게 힘이 되더라고요.

제가 대학 신입생 때 선배들한테 '양질전환'이란 개념을 듣고 충격을 받았던 적이 있어요. 양이 축적되면 질적인 변화가 일어난다는 거죠. 물을 끓이면 열이 축적되다가 물이 수증기로 바뀌어 하늘로 올라가듯이 교육도 그런 것 같아요. 꾸준함의 힘이 있습니다.

제가 2022년에 서울대학교에서 '사회봉사상'이란 걸 받았습니다. 상금도 꽤 되는 제법 큰 상이었는데, 저랑 같이 상을 받으신 두 분은 정말 어마어마한 분들이었어요. 그에 비하면 제가 한 일은 고등학생들을 데리고 작은 섬에 있는 재활원에 20년 넘게 다닌 게 전부였죠. 그때 생각했습니다. 아, 꾸준함의 힘이 있구나.

저는 쓰기를 꾸준히 했어요. 꼭 쓰기가 아니어도 괜찮습니다. 어떤 분야든 선생님들께서 좋아하는 영역을 골라서 꾸준히 해보세요. 그게 쌓이면 놀라운 변화가 일어납니다. 공자께서도 "나의 도는 하나로 모든 것을 꿰뚫는다吾道一以貫之"라고 하셨잖아요. 하나를 깊게 파면 그걸로 끝나지 않아요. 쓰기도 그렇죠. 쓰기만 한다고 잘 쓰게 되는 건 아니거든요. 잘 쓰려면 다른 영역도 잘해야 합니다. 하나를 깊게 파면 다른 영역도 그만큼 깊어지게 됩니다.

그 가운데 쓰기는 남는 게 있어요. 이번에 정리해보니 제가 출간한 단행본이 12권이더라고요. 이게 쓰기의 힘이구나 느꼈죠. 처음부터 책을 많이 썼던 건 아니고요. 20년의 꾸준함이 쌓이다 보니 최근 들어 폭발적으로 책을 내게 됐습니다.

대단했죠. 그런데 생각해보면 투덜거림은 학생의 본성입니다. 그걸 해소해주는 게 교사의 의무죠. 학생들을 움직이는 힘은 '세속적 욕망'이다 싶어요. 고등학생이었으니 당장 대학 입시가 되겠죠. '저 선생님이 시키는 대로 하면 내가 기대한 것보다 훨씬 큰 열매를 딸 수 있다'는 믿음이 있으면, 학생들은 힘들어도 견딥니다.

저는 학생과 학부모의 세속적 욕망이야말로 제가 꿈꾸는 교육적 의도를 달성하는 데 가장 큰 동력이라고 생각해요. 그걸 탓하면 안 됩니다. 이용해야죠. 학교나 학생에 따라 그 욕망은 다릅니다. 그러니 먼저 그들 안에 들끓는 욕망을 잘 관찰해야 합니다. 그걸 채워주면서 내 교육적 의도를 살릴 길을 찾아야죠. 그래서 교사에게는 탐험가의 상상력이 필요합니다. 길이 안 보이는 것 같아도 탐험가는 결국 길을 찾잖아요. 교사도 그래야 합니다.

● **세속적 욕망이 교육의 원동력이란 말씀이 인상 깊습니다.**
● **그런 욕망을 실현한 학생 가운데 기억에 남는 학생이**
● **있으신가요?**

전국국어교사모임 회지의 대담에도 나왔던 학생입니다. 포항공대에 진학했죠. 대학 2학년 때 저를 찾아와서 이렇게 이야기하더군요.

제가 포항공대에 와서 네 번 놀랐어요. 첫째, 공대인데 글을 너무 많이 쓰더라고요. 저는 선생님과 헤어지면 이제 글쓰기는 끝이라고 생각했거든요. 공대인데 글을 왜 그렇게 많이 써요? 둘째, 그래도 전국 고등학교에서 1, 2등 하던 친구들인데 글을 왜 이렇게 못 써요? 깜짝 놀랐잖아요. 셋째, 그중에는 제가 좀 낫더라고요. 선생님께 배운 게 도움이 됐나 봐요. 네 번째가 가장 놀라운데요. 교수님들이 자꾸 저를 부르세요. 학회 논문에 공동 저자로 참여해라, 교지 편집위원 맡아라, 아주 귀찮아 죽겠어요.

그 학생은 겉으로는 투덜거렸지만, 환하게 웃고 있었습니다. 물론 그 학생이 친구들보다 탁월하지는 않았을 것입니다. 고등학교 때 글쓰기를 조금 배웠다고 얼마나 성장했겠어요. 그런데 그 사소한 차이 때문에 교수님들 눈에 띄어 점점 더 많은 기회를 얻고, 그게 쌓이니 나중에는 따라올 수 없는 초격차가 벌어졌습니다. 그 학생은 대학 4학년 때 이미 두 개의 기업을 운영하는 CEO가 되어 365일 가운데 150일은 해외 출장을 다녔습니다. 지금도 서울 강남에서 제법 탄탄한 회사를 운영하고 있죠. 얼마 전에 만났을 때도 이렇게 투덜거리더군요. "선생님, 요즘 제가 하는 일의 70~80퍼센트는 이메일 쓰는 거예요. 대학을 졸업해도 글쓰기는 끝이 없네요." 쓰기는 쌓이는 게 있다고 말씀드렸잖아요. 이런 사례도 쌓입니다. 그리고 그게 아이들을 움직이는 힘이 됩니다. 이런 사례를 조금씩 풀어놓으면 아이들은 힘들어도 견디며 글을 씁니다.

● 학생의 세속적 욕망을 지렛대 삼아 교사의 교육적 의도를
● 구현했다고 하셨는데요. 선생님께서 추구하신 교육적
● 의도는 무엇인가요?

'글쓰기는 문제 해결'이라고 하잖아요. 이 말에는 두 가지 의미가 있다고 생각합니다. 하나는 '과정'이고, 다른 하나는 '결과'예요.

첫째, 글쓰기 '과정'은 워낙 힘들어서 반드시 문제에 부닥치게 된다.
그것을 잘 해결해야 한다.
둘째, 그렇게 글을 쓰면서 자신과 사회의 문제와 직면하게 되고,
'결과'적으로 그것을 해결할 길을 찾게 된다.

이처럼 글쓰기 기술을 익히고, 더 나아가 아이들이 스스로 삶을 가꿀 수 있도록 돕는 게 글쓰기를 가르치고 배우는 교육적 목적이라고 생각합니다.

앞서 소개한 '나만의 책'에서 핵심은 자서전이었는데, 주제를 '내 나이 서른'으로 정했어요. 학생들이 자서전을 쓰면서 과거를 돌아보고, 현재를 성찰하고, 미래를 내다보면 좋겠다고 생각했죠. 또 기억에 남는 학생이 있습니다. 그 아이는 국어 교사를 꿈꿨어요. 한 해 동안 용인 흥덕고등학교 이범희 교장 선생님을 면담하고, 이문재 시인을 만나고, 훌륭한 교사에 관한 책을 읽고, 교내 대회에도 국어 관련 결과물을 제출했습니다. '사람을 펴는 출판사'라는 제목으로 자서전도 썼어요. "앞으로 제가 맡을 학생들은 저마다 인생의 스토리를 품고 있을 것입니다. 그걸 찾아서 엮어주는, 출판사 편집자 같은 교사가 되고 싶어요"라고 포부를 밝혔죠. 그 글을 모아서 130쪽짜리 책으로 엮었습니다. 그 덕분인지 내신의 불리함을 극복하고 상위권 대학에 합격했어요.

그 아이는 국어 교사가 됐을까요? 아니었습니다. 증권 회사에 취직했죠. 제가 의아해하자 이렇게 말하더라고요. "제가 비록 국어 교사가 되지는 않았지만, 그때 좋은 교사가 되려고 탐색했던 과정이 제 삶에 정말 큰 도움이 됐습니다. 이 회사에서도 그런 마음으로 일하니 모두 저를 인정해주시더라고요. 물론 글쓰기 연습도 큰 도움이 됐고요."

그 말을 들으며 국어는 도구 교과임을 다시 한번 깨달았습니다. 국어 교사라는 '내용'은 그리 중요하지 않습니다. 더 좋은 국어 교사가 되려고 궁리하고 탐색했던 '과정'이 아이들의 삶을 가꾼다고 믿어요. 가끔 "저는 꿈이 없어서 쓸 이야기가 없어요"라고 발뺌하는 아이들이 있습니다. 그럴 때 저는 이렇게 말합니다. "내가 정해줄게. 경찰관이라고 써. 경찰이 되지 않아도 괜찮아. 좋은 경찰이 되려고 진지하게 고민하고 글을 쓰는 그 과정이 너를 더 좋은 사람으로 만들어줄 거야."

제가 앞에서 꼭 쓰기가 아니라도 괜찮다, 무엇이든 하나를 깊고 꾸준히 파고들면 된다고 말씀드렸잖아요. 이것도 같은 맥락이라고 생각해요. 깊이가 중요합니다.

《삶을 가꾸는 글쓰기 교육》은 이오덕 선생님께서 쓰신 책입니다. 제목만으로도 큰 울림을 줬죠. 저는 이 책을 글쓰기 수업의 나침반으로 삼았어요. 김수업 선생님께서도 비슷한 말씀을 하셨습니다. 선생님께서는 국어교육과 4학년 학생들을 대상으로 글쓰기 수업을 하셨던 사례를 들려주셨어요.

한 학기 내내 글을 쓰게 했는데, 되도록 평소에 다른 사람에게 하지 못했던 이야기를 쓰도록 했습니다. 조언은 전체적으로만 했죠. "지난 시간에 여러분이 쓴 글을 보니 이런 점이 아쉬운데, 이번 시간에는 이렇게 한번 써보세요." 한 여학생이 기억납니다. 굉장히 반듯한 학생이었는데, 처음에는 가족 이야기를 썼습니다. 그러다 시간이 지나니 아버지 이야기로 폭이 좁아지더군요. 이내 아버지에 대해 엄청난 증오와 복수심을 쏟아냈습니다. 도저히 아버지를 용서할 수 없다고…. 그래도 묵묵히 읽기만 했어요. 그런데 그 학생으로서는 아버지에 대한 글을 계속 쓰려니, 아버지를 다시 보지 않을 수 없었을 것입니다. 아버지가 왜 그런 말과 행동을 했는지, 아버지가 어릴 때 어떤 일을 겪었는지…. 그렇게 하다 보니 점점 아버지를 이해하게 됐고, 한 학기가 끝날 무렵에는 아버지에 대한 사랑을 담은 글을 썼습니다.

누가 무슨 말을 보태지 않아도 글을 쓰는 행위 자체가 그 학생에게는 큰 위로와 치유가 됐던 셈입니다. 그래서 저도 글쓰기 수업을 할 때 송곳을 들어 보이며 이런 이야기를 덧붙입니다.

이건 송곳이 아닙니다. 뭘까요? 상상력을 발휘해보세요. 이건 부끄러움이요, 상처입니다. 부끄러움과 상처는 송곳 같아서 숨기면 숨길수록 가슴을 더 파고듭니다. 하지만 이걸 내놓으면 더는 나를 찌르지 못합니다. 글로 쓴다면 다른 사람에게 감동을 주는 힘이 됩니다. 부끄러움과 상처가 없는 사람은 없습니다. 다만 그걸 다루는 태도는 사람마다 다릅니다. 어떤 사람은 가슴속에 송곳을 꽂은 채 줄곧 아파하기도 하고, 어떤 사람은 드러내고 털어버립니다. 또 다른 누군가는 그걸 글로 써서 성장의 발판으로 삼기도 하죠. 부끄러움과 상처는 여러분을 망가뜨리지 못해요. 그걸 대하는 태도가 여러분을 망가뜨릴 수도 있고, 성장하게 할 수도 있습니다. 부끄러움과 상처가 여러분 삶에 걸림돌이 되느냐, 디딤돌이 되느냐는 여러분의 선택에 달렸습니다. 그래서 배움과 성장에는 용기가 필요합니다.

아이들은 자신이 선택할 수 없는 그 무엇 때문에 주눅 들고 아파할 때가 많습니다. 그럴 때 저는 이렇게 말합니다. "송곳은 네가 아니야. 그 송곳을 다루는 방식이 바로 너야. 용기를 갖고 송곳을 뽑자. 가슴에 박힌 송곳을 뽑는 데 글쓰기가 정말 큰 힘이 된단다."
물론 이런 이야기는 무척 조심스럽습니다. 드러내고 털어버릴 수 있는 부끄러움이 있는가 하면, 그러기에는 너무 버거운 상처도 있기 때문이죠. 그래서 아이들에게도 스스로 이겨내고 버틸 수 있는 만큼만 맞서라고 합니다. 자그마한 부끄러움에서 시작해서 점점 더 큰 상처를 이겨낼 힘을 기르자고 다독이죠. 어찌 보면 글을 써서 상처를 치유하는 게 아니라, 상처를 치유할 힘이 생겨서 글을 쓸 수 있는 게 아닌가 싶기도 합니다.

● 글쓰기가 지닌 힘이 정말 대단하네요.
● 아직도 글쓰기 수업을 망설이는 선생님들께
● 도움이 될 만한 한 말씀 부탁드립니다.

송곳은 아이들 가슴에만 있는 게 아닙니다. 선생님들도 품고 계시죠. 글쓰기, 물론 어렵고 두렵습니다. 대학에서도 제대로 배운 적이 없으니 못하는 게 당연합니다. 그게 바로 교사를 아프게 하는 송곳입니다. 그 상황에서 두 갈래 길이 있습니다. 김 선생님은 자기가 못하는 게 드러날까 두려워서 쓰기 수업에 도전하지 않고, 안전하게 교과서 학습활동 정도만 합니다. 박 선생님은 이것저것 새로운 걸 시도합니다. 물론 좌충우돌 실수도 많이 하고, 그러면서 상처도 많이 입습니다. 그런데 10년, 20년이 지난 뒤 두 분은 어떤 교사가 되어 있을까요? 저는 어떤 길을 선택하라고 강요하고 싶지는 않아요. 각자의 성향과 선택이니까요.

국어 교사에게 필요한 건 자질이나 능력이 아니라 용기라고 생각해요. 쓰기도 마찬가지입니다. 처음에는 누구나 서툴 수밖에 없어요. 자신이 서툴다는 걸 인정하고 학생들과 수업하면서 다듬어가겠다는 용기, 자기 민낯을 드러낼 수 있는 용기, 그게 글쓰기 수업의 핵심이라고 생각해요. 쓰기만 그럴까요? 국어 교사, 더 나아가 가르치는 자의 숙명 아닐까요? 그래서 《가르칠 수 있는 용기》라는 책이 나왔겠죠.

저도 처음부터 잘한 건 아니었습니다. 예전 수업 자료를 보면 찢어버리고 싶어요. 하지만 그게 20년이 쌓였어요. 20년 동안 한 우물을 파느냐 마느냐가 문제지, 능력의 문제가 아니라고 생각해요. 교사에게 필요한 건 두 가지입니다. 새로운 것에 도전하는 용기와 그걸 파고드는 꾸준함입니다.

약속의 20년을 믿고 도전해보고
싶어지네요. 이어서 어떻게 하면
글쓰기를 잘 가르칠 수 있을지
구체적으로 여쭤보겠습니다.

계획,

학생과 교사의 품을 줄이는 비결

- **본격적으로 글쓰기 전략에 관해 여쭤보겠습니다.**
- **글쓰기를 다섯 단계로 나눌 때 '계획하기'부터**
- **시작하잖아요. 그건 어떻게 가르치시나요?**

글을 쓰기 전에 주제와 목적, 읽을 대상, 실을 매체를 먼저
생각하라고 하잖아요. 글쓰기 맥락인데요. 이건 교사가 정해줄
때가 많습니다. 아이들이 능동적으로 '내가 이런 글을 써서 어디에
실어야지!'라고 계획해서 글을 쓰는 일은 거의 없잖아요. 대개는
쓰라니까 쓰는 거죠. 그러니 학생들은 글쓰기에 수동적일 수밖에
없고, 그런 마음으로는 좋은 글을 쓰기 어렵습니다.

저는 쓰기 맥락 가운데 특히 '읽을 대상'을 강조합니다. 지금
근무하는 중학교에서는 학생들의 간식을 엄하게 단속하는 편이에요.
아이들은 불만이 많죠. 그래서 '간식 전면 허용'을 주제로 글을

쓰라고 하면 신나서 씁니다. 그때 질문을 던지죠.

이 글을 누가 읽을까요?

선생님들은 왜 간식을 허용하지 않을까요?

선생님들을 설득하려면 여러분이 어떤 약속을 해야 할까요?

그러면 아이들이 대뜸 대답합니다. "쓰레기를 바닥에 많이 버려서요." 그때는 제가 일부러 더 정색하고 말하죠.

여러분은 도대체 선생님들을 어떻게 생각하는 거예요? 선생님들이 고작 쓰레기를 염려해서 여러분의 간식을 금지할까요? 쓰레기는 치우면 되잖아요. 선생님들은 그런 분들이 아니에요. 훨씬 더 중요한 문제 때문에 간식을 금지하는 거예요. 여러분의….

여기까지 말하면 '건강'이나 '수업' 때문이라는 이야기가 나와요. 선생님들이 학생들의 건강을 염려한다면, 오히려 간식을 허용하는 게 건강에 도움이 된다고 설득해야죠.
학생들은 읽을 대상을 고려하라는 말을 무척 피상적으로 들어요. 그래서 글이 겉돌 수밖에 없어요. 읽을 사람의 마음으로 더 깊이 들어가야 하는데, 그게 쉽지 않습니다.

사실 계획하기는 학생보다 교사에게 더 중요합니다. 학생들이 좋은

글을 쉽게 쓸 수 있도록 교사가 잘 계획해야 하니까요.

제가 논문을 쓸 때 교수님이 연구에는 쌍권총이 필요하다고

하셨어요. 두 개의 F, 즉 프레임과 포커스입니다. 범위가 프레임이고

수준이 포커스겠죠. 그걸 꿰뚫어보는 놀라운 질문입니다.

현문賢問에 우답愚畓이 될 텐데요. 쓰기를 버리셔야 합니다. 국어

교사는 쓰기를 가르치려고 하면 안 돼요. 오로지 국어를 가르칠

뿐입니다. 이론을 공부하는 사람들은 영역으로 나뉘어 서로

싸우지만, 가르치는 사람은 그러면 안 됩니다. 뭔가를 읽고, 그걸

바탕으로 말하고 듣고, 그걸 정리해서 써야 합니다. 물론 차례는

바뀔 수 있어요. 쓴 걸 바탕으로 이야기를 나눌 수도 있고, 이야기한

걸 토대로 더 읽을 수도 있죠. 다만 쓰기만의 특별한 뭔가는 없다는

것입니다. 쓰기는 국어교육 흐름 속의 하나일 뿐입니다.

'나만의 책'을 만들 때도 그랬어요. 고등학교 2학년 문학 수업에서

작품을 배울 때마다 그와 관련되는 글을 썼고, 모아보니 책이 됐어요.

책이 아니라 문학 수업이 알맹이였죠.

그렇다면 쓰기를 어디까지 가르쳐야 할까요? 문학 과목에서라면 작품을 읽고 이해하고 감상하는 데 도움이 되는 만큼만 쓰면 됩니다. 이게 프레임입니다. 어느 수준으로 가르쳐야 할까요? 글쓰기가 학생들의 삶을 가꾸는 데 도움이 되도록 방향을 잘 잡아줘야 합니다. 이게 포커스죠.

쓰기는 최종 목표가 아닙니다. 수단일 뿐이죠. 쓰기를 가르치는 게 아니라 쓰기를 통해 가르쳐야 합니다. 국어를 왜 가르치는지, 어떻게 하면 국어를 통해 학생들이 스스로 삶을 가꾸도록 북돋울 수 있을지를 기준으로 판단해야 해요.

● **쓰기를 가르치지 말고 쓰기를 통해 가르치라는 게**
● **구체적으로 어떤 의미인가요?**
● **조금 더 풀어서 설명해주시면 좋겠습니다.**

교사도 열심히 지도하고 아이들도 열심히 쓰는데, 마음 한구석이 공허할 때가 있습니다. 쓰기를 위한 쓰기, 활동을 위한 활동에 머물러서 그렇습니다. 교사가 그렇게 느낄 정도라면 아이들은 더하겠죠. 거기서 한 걸음 더 나가야 합니다. 하나도 어렵지 않아요. 선생님들께서 하시던 수업에 살짝 색을 칠하면 됩니다. 이 책에 소개된 다섯 분의 수업 사례를 보면 모두 독특한 색깔이 있습니다. 이연화 선생님 수업에서는 한 아이도 놓지 않고 끝까지 손을 잡아서 쓰게 하겠다는 굳센 '결심'이 돋보여요. 김수연 선생님의 수업을 들은 학생들은 타인의 고통에 공감하고 연대할 수 있는 건강한 '시민'으로 성장하지 않을까요? 이기주 선생님 수업은 가짜 읽기와 가짜 쓰기를 넘어서 '진짜' 읽기와 쓰기를 목표로 삼고 있죠. 최종민 선생님은 글쓰기 '전략'에 치밀하게 집중하고 있습니다. 김윤형 선생님은 글쓰기의 '윤리'를 두 가지 측면으로 나눠서 가르치시죠.

이렇게 수업에 색깔이 더해지면 드디어 우리에게 와서 '꽃'이 됩니다. 그렇게 하려면 쓰기는 수단에 불과하다는 점을 명확히 인식해야 합니다. 쓰기 자체는 목적일 수 없어요. 그걸 통해 내가 추구하는 교육적 의도가 무엇인지 또렷하게 붙잡아야 합니다. 그래야 쓰기 수업을 마쳤을 때 공허하지 않고 충만한 느낌이 남습니다. 교사에게도 아이들에게도 배움이 있죠.

● 글쓰기가 수업의 목표일 수는 있어도,

● 그것 자체가 목적이 되어서는 안 된다는 말씀인 거죠?

맞습니다. 목표가 구체적인 실행 계획이라면, 목적은 실행의 결과 또는 방향이라 할 수 있어요. 날마다 운동장 10바퀴를 달리는 건 목표이고, 그렇게 달리는 목적은 건강한 몸과 마음인 거죠. 무리하게 10바퀴를 달려 몸을 망가뜨리는 건 어리석은 일입니다. 달리기를 위한 달리기가 되어서는 안 됩니다.

그래서 쓰기를 가르치려는 분들은 먼저 쓰기를 버려야 합니다. '내가 쓰기의 본때를 보여주겠어'라며 덤비면 안 된다는 뜻입니다. 한때 토론이 그랬어요. 입론 몇 분, 반론 몇 분, 이런 형식에 매달렸죠. '우리가 왜 토론하는가?' '토론으로 아이들이 어떻게 성장해야 하는가?' 이런 중요한 질문은 사라졌습니다. 쓰기의 엄격한 절차나 격식은 내려놓고 아이들의 삶에 집중해야 합니다.

● **목적은 방향이라! 공감합니다. 그런데 방향만**
● **잘 잡는다고 목적지에 닿을 수는 없잖아요?**
● **어떻게 계획해야 목적지에 닿을 수 있을까요?**

교사의 수업 계획에서 핵심은 두 가지입니다. 첫째는 앞에서 말씀드린 것처럼 평소 하던 수업에 살짝 나만의 색깔 입히기입니다. 둘째는 평소 하던 수업을 살짝 엮어서 더 크게 만들기입니다. 여기서 중요한 건 '살짝'입니다. '나만의 책' 만들기도 그랬어요. 아이들은 문학 시간에 시를 읽고 시를 쓰라니 시를 쓰고, 소설을 읽고 서평을 쓰라니 서평을 썼어요. 그런데 그게 모이니 책이 되고, 전시회가 열리고, 모금과 기부로 이어지고, 언론에 소개되고, 학교생활기록부와 자기소개서에 반영되어 대학 입시 성과가 됐죠. 물론 교사는 처음부터 큰 그림을 그려야 합니다. 발길 닿는 대로 가면 안 됩니다. 그게 계획이죠. 이때 계획은 소박할수록 좋습니다. 어떤 아이들은 자서전에 허무맹랑한 이야기를 쓰기도 합니다. 그러고는 "꿈은 크게 가져야죠"라고 당당하게 말합니다. 그러면 이렇게 타이르죠.

> 자신감과 자만심의 차이가 뭔지 아니? 나를 알고 상대를 알 땐 자신감이 생겨. 할 수 있겠다는 마음이지. 그 반대가 자만심이야. 꿈은 클수록 좋아. 더 큰 꿈을 꿔도 좋아. 다만 그 꿈에 이르는 과정은 구체적이어야 해. 그게 없다면 꿈이 아니라 망상이야. 네 현재 위치를 정확히 파악하고, 꿈을 이루기 위해 어떤 과정을 거쳐야 하는지 구체적으로 설계해. 그래야 꿈을 이룰 수 있을 거야. 그게 바로 자신감이란다.

처음부터 욕심을 내서 너무 거창한 계획을 세우지 마세요. 교사와 학생이 짓눌려 숨이 막힙니다. 배움이 질식해버리죠. 이건 달리기와 비슷합니다. 처음부터 속도를 높이면 쉽게 지치고, 지치면 포기하게 됩니다. 감당할 수 있을 만큼 소박하게 시작해서 성공하면 자신감을 얻습니다. 그 성공 경험과 자신감을 바탕으로 조금 더 일을 키우는 것입니다. 그렇게 조금씩 엮으세요. 당장 올해 수업만 보지 말고, 10년 또는 20년 뒤를 내다보세요. 꾸준함의 힘을 믿으세요.

- **살짝 색깔 입히기, 살짝 엮어서 확장하기. '살짝'이라는 말을 마음에 새기겠습니다. 내가 세운 수업 계획이 괜찮은지 점검하는 기준이 있을까요?**

정말 중요한 잣대가 있죠. '이렇게 하면 가르치는 교사와 배우는 학생의 품을 줄일 수 있는가?' 그걸 보세요. '이렇게 하면 더 큰 열매를 딸 수 있는가?' 그걸 보면 안 됩니다.

저는 학생들에게 모둠별로 소설을 쓰게 하고, 괜찮은 작품을 모아 소설집을 엮습니다. 그때 편집 용지의 여백, 글꼴, 행간까지 아주 꼼꼼하게 규정합니다. 그렇게 하지 않으면 나중에 책으로 엮을 때 그게 다 교사의 일이 되기 때문입니다. 미리 정해주면 아이들도 더 편합니다. 이런 게 바로 계획이죠.

계획을 너무 어렵게 생각하지 마세요. 저는 학습지를 많이 만듭니다. 고등학교 2학년 문학 수업에서는 한 학기 학습지가 254쪽이었죠. 학습지 관리가 큰 고민인데, 저는 간단히 해결합니다. 학기가 끝날 때 학습지를 모두 모아 각자 책으로 묶어주고, 수행평가에 '한 학기 한 권 쓰기'로 반영합니다. 그리고 이렇게 덧붙이죠.

우리 학습지에는 정말 좋은 글이 많아요. 물론 수업 시간에 다 읽지는 못했죠. 여러분이 졸업하고 나중에라도 읽어보세요. 어쩌면 지금 알지 못했던 걸 그때 깨닫게 될 수도 있어요. 그런데 누가 그렇게 될지 지금으로서는 알 수가 없어요. 그러니 이 학습지를 버리지 마세요. 이 책이 여러분 인생을 바꿀 수도 있습니다. 여러분 가운데 한 명이라도 그렇게 된다면, 내가 254쪽 학습지를 만든 노고는 헛되지 않다고 생각해요.

이렇게 하면 아이들이 학습지를 버리지 않아요. 잔소리하고 싸우지 않아도 돼요. 학생과 교사의 쓸데없는 수고를 줄이는 게 계획의 참맛이죠.

글감,

아까워서라도 글을 쓰게 하는 힘

시를 쓸 때 아이들에게 '관찰'이 중요하다고 강조합니다. 수업도
마찬가지입니다. '내 인생의 오해'라는 주제도 그렇게 나왔죠.
어떤 국어 선생님은 외울 만큼 잘 아는 시라도 가르치기 전에
다시 100번 정도 읽는다고 합니다. 같은 시라 해도 그걸 배우는
학생들이 다르고, 작년과 올해의 세상이 다르고, 그걸 가르치는
나도 달라졌는데 어떻게 똑같이 가르치냐고 반문하시더라고요.
시를 100번 읽으면 시가 나에게 말을 걸어오고, 그 실마리를
붙잡아 가르치면 아이들과 잘 연결된다고 하셨습니다. 그게 바로
'관찰'입니다.

저는 고등학교에만 30년 있다가 2023년에 처음으로 중학교에 왔습니다. 막막했죠. 중학교 2학년이었는데, 수업 수준도 고민이었고요. 2월에 제가 가르칠 교과서를 찬찬히 읽었어요. 100번까지는 못 읽었습니다. 마지막 단원에 있는 글이 눈에 들어왔어요. 착시 현상을 다룬 글이었죠. 그 글을 처음으로 가져와서 교과서를 재구성하고, 2023년 전체의 수업 주제를 '내 인생의 오해'로 설계했습니다. 마침 중학교 2학년 교육과정에 반어와 역설이 있어서 안성맞춤이었죠.

그 글을 시작으로 착시, 착각, 오해를 다룬 글을 몇 편 더 읽고 토론도 했어요. 더 나아가 각자 오해했거나 오해를 받았던 경험을 수필로 쓰게 했습니다. 그걸 네 칸 만화로 만들고, 다시 다듬어서 시를 썼죠. 이런 과정이 있어서 모두 좋은 시를 쓸 수 있었습니다.

저는 그게 내용 생성의 관건이라 생각해요. 만약 제가 "얘들아, 이번 시의 주제는 '오해'야. 그걸로 시를 쓰자"라고 했다면 어땠을까요? 저는 그렇게 하지 않고 차분히 쌓아올렸어요. 아이들은 알게 모르게 '오해'라는 주제에 스며들었고, 이전 활동이 시 쓰기의 글감이 됐습니다. 앞에서 색깔 입히기와 엮어서 확장하기를 강조했는데, 제 수업에 '오해'라는 색을 입혀서 조금씩 엮었죠.

수업 주제는 좀 뜨악한 게 효과적이었어요. 고등학교 문학 과목에서는 '아름다움이란 무엇인가?'를 한 학기 동안 붙들었던 적도 있어요. '변절'이라는 주제도 흥미롭지 않나요? 인간은 언제 변절할까요? 욕망, 도덕, 현실이 '쨍' 하고 날카롭게 부딪히는 소리가 들리지 않으세요? 스며들기만 하면 그런 주제가 재미있더라고요. 하지만 남들이 좋다는 주제를 무턱대고 가져오면 실패합니다. 먼저 관찰하세요. 세상을, 아이들을, 무엇보다 선생님 자신을 섬세하게 관찰하셔야 합니다. 그게 만나는 자리에서 주제가 피어납니다.

맞아요. 그때는 자서전 쓰기를 위한 자료집을 따로 만들었는데, 거기에 생애 주기에 따라 질문 164개를 넣고 시간마다 조금씩 쓰도록 했어요. 8시간에 하겠다고 164를 8로 나누면 안 됩니다. 처음에는 마음만 먹으면 할 수 있게 질문을 최소로 줘야 합니다. 수업 때 시간도 넉넉히 줘서 한 명도 빠짐없이 다 했는지 확인하는 게 좋아요. 그다음부터는 질문 수를 조금씩 늘리죠. 처음에 한 게 있으니 그게 아까워서라도 힘들어도 참고 합니다. 나중에는 수업 시간에 그걸 할 시간을 조금씩 줄여요. 진도도 나가야 하니 수업 시간 내내 그것만 잡고 있을 수는 없거든요. 일단 수업 시간에 시작하면 다 못한 건 알아서 해와요.

그렇게 164개의 질문을 채운 후, 개요는 질문 번호로 만듭니다. 몇 번 몇 번 질문을 엮어서 어디에 쓸지 번호만 쓰는 거죠. 그렇게 하면 종이 한 장에 개요를 만들 수 있어요. 설계도인 셈입니다. 그걸 보면서 자료집에 있는 질문 164개를 뒤적이며 글을 쓰죠. 자료집에는 손으로 쓰느라 간단하게 적었더라도 컴퓨터에 입력할 땐 훨씬 길어져요. 그렇게 하면 평균 20쪽 정도의 자서전을 쓸 수 있습니다.

조금씩 꾸준히 하는 게 비법입니다. 이렇게 쓸거리를 모으면 그게 아까워서라도 자서전을 완성합니다. 질문 목록과 질문 활용법은 제가 2014년에 쓴 논문 〈자서전 쓰기 교수 학습 과정 연구〉에 나와 있어요.

- **쓸거리를 모으는 데 질문이 굉장히 유용하겠군요.**
- **혹시 그 방법을 다른 글에도 적용해보셨나요?**

저는 소설을 읽을 때 날개 질문을 많이 활용합니다. 읽기는 늘 쓰기로 갈무리하는데, 이때도 질문이 도움이 되죠. 저는 글쓰기 과제를 제시할 때 아주 구체적인 틀을 제공합니다. 예를 들어 다섯 문단으로 쓰되, 1문단에는 날개 질문 몇 번과 몇 번 내용을 정리해서 쓰라고 아주 꼼꼼하게 안내하죠. 이런 틀이 있으면 아이들이 쉽고 빠르게, 그리고 편하게 글을 완성합니다. 글쓰기를 덜 어려워하죠. 쓸거리를 줘서 그게 아까워서라도 글을 쓰게 해야 합니다.

거듭 강조하지만, 국어는 도구 교과입니다. 물론 황순원의 〈너와 나만의 시간〉을 읽고 참신한 서평을 쓰는 일도 중요해요. 하지만 더 중요한 건 소설을 읽으며 어떤 질문을 던질 수 있는지, 그리고 그걸 엮어서 어떻게 서평을 쓸 수 있는지 방법을 익히는 것입니다. 〈너와 나만의 시간〉은 매개죠. 그 작품에 대해서 배우는 것보다, 작품을 통해 제대로 읽고 쓰는 능력을 기르는 게 훨씬 더 의미 있다고 생각합니다.

● **글을 쓰라고 하면 쓸 게 없다고 하소연하는 학생들이**
● **많은데, 질문을 잘 활용해봐야겠습니다.**
● **질문 외에 다른 방법도 있을까요?**

맞아요. 학생들은 쓸거리 모으는 걸 가장 힘들어해요. 그런데 그렇게 힘들게 모아둔 쓸거리가 있으면 그게 아까워서라도 결국 글을 쓰게 되더라고요. 이 책에도 좋은 사례가 있어요. 김수연 선생님은 일기를 세 번 쓰게 하면서 쓸거리를 쌓았고, 이기주 선생님은 서평 쓰기 수업에서 몇 번의 수행평가로 쓸거리를 모았죠. 이렇게 쓸거리를

차곡차곡 쟁여두면 아이들이 안 쓸 수가 없어요. 아주 훌륭한
사례입니다.

● **그런데 그렇게 하려면 시간이 많이 필요하지 않나요?**
● **진도에 쫓기지 않으세요?**

그래서 '엮어서 확장하기'를 권하는 것입니다. 2023년 중학교 2학년
아이들과 수업할 때 주당 두 시간이었어요. 그때 이런 수업을 했죠.

- ✦ 교과서 안팎에서 '오해'에 관한 글 엮어 읽기 → '내 인생의 오해'라는
  주제로 수필 쓰기
- ✦ 교과서 안팎의 시를 40편 남짓 읽기 → '내 인생의 오해'로 쓴 수필을
  다듬어서 시 쓰기 → 시화 만들고 시집 발간
- ✦ 교과서 희곡 작품 읽기 → '오해'를 주제로 각자 희곡 쓰기 →
  모둠에서 우수 희곡 하나를 골라서 실제로 공연
- ✦ 교과서 안팎의 소설 읽기 → 모둠으로 연재 소설 쓰기 → 묶어서
  책으로 만들기

서정·서사·희곡·교술 갈래를 다 감상하고 창작했어요. 그걸 따로따로
떼서 하려면 주당 두 시간으로는 턱없이 부족하죠. 하지만 한 해

수업을 '내 인생의 오해'라는 주제로 엮으면 가능합니다. 앞 활동의 결과물이 다음 활동의 쓸거리가 되는 셈이죠.

한 해 수업에 주제가 하나면 너무 단조롭지 않냐고요? 아닙니다. 오히려 깊어집니다. 똑같은 걸 반복하는 게 아니잖아요. '오해'라는 주제를 중심으로 갈래를 넘나들며 나선형으로 반복하니 더 깊어지고 넓어집니다. 이런 게 요즘 유행하는 '개념 기반 학습' 아닌가요?

조직)

문단만
잘 나눠도
보기 좋은 떡

- **조직에 관한 질문입니다.**
- **선생님 수업에서는 생각그물을 많이 활용하시는 거 같아요.**
- **특별한 이유가 있으신가요?**

이 책에서 최종민 선생님 수업 사례를 보면 여러 가지 전략이
나와요. 글쓰기에 유용한 전략들이죠. 최종민 선생님 수업은
친절합니다. 학생들에게 "글감 모으자, 개요 만들자, 모둠에서 서로
첨삭하자"라며 등을 떠밀지 않아요. 그걸 어떻게 할 수 있는지
구체적인 전략을 제시해서 학생들의 손을 잡아주죠.
저는 여러 전략 가운데 생각그물을 주로 씁니다. 흔히
마인드맵이라고 하죠. 생각그물은 내용 선정·조직·표현에 두루
활용할 수 있는 좋은 전략입니다. 최종민 선생님 글에도 나오지만,
아이들이 초등학교 때부터 많이 쓰던 방식이라 따로 가르치지

않아도 된다는 장점이 있어요.

제가 생각그물을 쓰는 이유는 간단해요. 그게 저한테 잘 맞기 때문입니다. 고등학교 때 공부를 무척 싫어했어요. 야간 자율학습을 강제로 해야 했는데, 공부하기 싫으니 그림을 그렸죠. 예를 들어 생물 과목에서 소화 단원이면 음식물이 입으로 들어가서 나올 때까지의 과정을 그림으로 정리하는 것입니다. 수업이나 모의고사, 문제집에서 새로운 내용을 발견하면 다른 색깔 연필로 그림에 더했어요. 그러다 그림이 지저분해지면 야간 자율학습 하루를 잡아서 새로 그렸죠. 그렇게 하면 시간이 정말 잘 갔어요. 고등학교 3학년이 돼서 그 그림을 보니 1, 2, 3학년 때의 수업, 문제집, 모의고사 내용이 전부 다 있는 거예요.

교사가 되고 나서야 그게 마인드맵이라는 걸 알았습니다. 마인드맵이 있는 줄도 모르고 저는 마인드맵으로 공부하고 있었던 거예요. 저한테 잘 맞는 방법이니 힘들이지 않고도 수업에 잘 활용하고 있어요.

- **글쓰기에는 다양한 기법이 있고,**
- **저마다 장단점이 있을 텐데요. 교사로서 그걸 간파하는**
- **안목을 가지려면 어떻게 해야 할까요?**

선생님들께서도 여러 전략을 활용해보시고 그 가운데 맞는 걸 찾으시면 됩니다. '나한테 맞는 전략이라고 이것만 가르쳐도 되나?' 하는 걱정은 안 하셔도 됩니다. 아이들이 평생 한 명의 선생님만 만나는 게 아니잖아요. 저한테는 생각그물을 배우고, 다른 선생님에게는 다른 걸 배우면 돼요. 모든 선생님이 생각그물을 쓰신다면 그것도 나쁘지 않죠. 그만큼 유용한 전략이라는 뜻일 테니까요.

다만 하나의 수업에 너무 많은 전략을 욱여넣지는 마세요. 전략은 단순할수록 좋습니다. 전략을 익히는 것 자체가 수업의 목적이 돼서는 안 되니까요. 그리고 앞에서도 말씀드렸지만, 생각그물을 배우신 분들은 생각그물을 버려야 합니다. 제발 생각그물의 본때를 보여주겠다고 굳게 결심하지 마세요. 껍데기는 버리고 알맹이만 남겨야 합니다.

저는 생각그물을 아주 단순하게 만들어서 제공합니다. 굵은 가지를 네 개 만들어서 제시하는 편이죠. 예를 들어 주장하는 글쓰기라면 주어진 문제에 대해 '원인, 긍정, 부정, 결과'를 생각해보게 합니다. 그렇게 하지 않으면 한 시간 내내 생각그물만 그리다가 끝날 수도 있어요. 생각그물을 활용하는 이유는 빠르고 체계적으로 생각을 정리하기 위해서입니다. 그렇게 할 수 있도록 비계를 설계하죠.

생각그물을 어렵게 생각하지 마세요. 선생님들이 판서하실 때 수업 내용을 다 적지 않잖아요. 핵심만 골라서 보기 좋게 구조화하려고 노력하시죠. 그게 바로 생각그물입니다. 오른쪽 페이지는 이규보의 〈이옥설〉을 읽고 판서한 것입니다. 저는 판서를 이렇게 해요. ❶, ❷, ❸은 문단 번호이고 ①, ②, ③은 문장 번호입니다. 보시면 아시겠지만, 이렇게 읽으면 글의 내용을 하나도 빠뜨리지 않고 꼼꼼하게 정리할 수 있어요. 이 판서를 셋으로 나눴을 때 가운데는 글의 내용입니다. 왼쪽은 '설設' 갈래의 특징이고, 오른쪽은 글의 논리 구조예요. 그걸 바탕으로 글을 쓰게 했습니다.

저는 네 문단으로 쓰도록 안내합니다. 각 문단에 어떤 내용을 써야 하는지, 심지어 각 문단의 첫 줄도 제시해줍니다. 아이들이 글을 쓸 때 첫 줄을 시작하지 못하는 경우가 많아요. 그럴 땐 옆에 가서 다독이죠. "자, 첫 줄부터 써보자. 〈이옥설〉은…. 〈이옥설〉은 어떤 글이야? 누가 썼어? 그래, 그걸 쓰면 돼. 시작해보자." 물론 이건 선택입니다. 첫 줄을 다르게 써도 돼요. 글을 좀 쓴다는 아이들은 일부러 다르게 쓰기도 하죠.

50

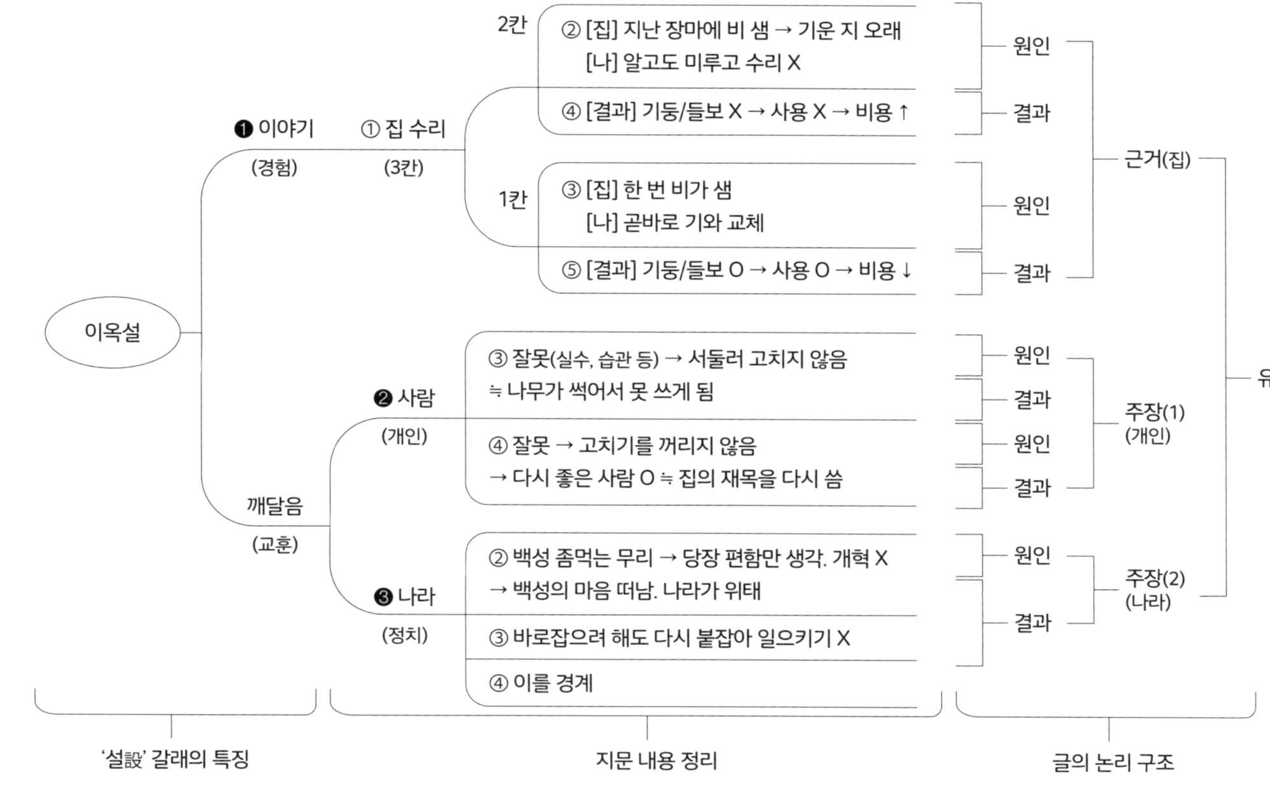

이옥설

❶ 이야기
(경험)

① 집 수리
(3칸)

2칸
② [집] 지난 장마에 비 샘 → 기운 지 오래
[나] 알고도 미루고 수리 X
④ [결과] 기둥/들보 X → 사용 X → 비용 ↑

1칸
③ [집] 한 번 비가 샘
[나] 곧바로 기와 교체
⑤ [결과] 기둥/들보 O → 사용 O → 비용 ↓

깨달음
(교훈)

❷ 사람
(개인)
③ 잘못(실수, 습관 등) → 서둘러 고치지 않음
≒ 나무가 썩어서 못 쓰게 됨
④ 잘못 → 고치기를 꺼리지 않음
→ 다시 좋은 사람 O ≒ 집의 재목을 다시 씀

❸ 나라
(정치)
② 백성 좀먹는 무리 → 당장 편함만 생각. 개혁 X
→ 백성의 마음 떠남. 나라가 위태
③ 바로잡으려 해도 다시 붙잡아 일으키기 X
④ 이를 경계

원인
결과
원인
결과
근거(집)

원인
결과
원인
결과
주장(1)
(개인)

원인
결과
주장(2)
(나라)

유추

'설說' 갈래의 특징

지문 내용 정리

글의 논리 구조

표1 〈이옥설〉을 읽고 쓰는 글의 구조

문단	핵심 내용	문단 첫 줄(예시)	글의 단계		논술 관련성		비고
1	〈이옥설〉 간단히 소개	〈이옥설〉은…	기	결론 ←	요약	**논거** 전제	선경 (객관)
2	〈이옥설〉 구체적 내용	작가는 이 글에서…	승	전제 ←			
3	글과 연관된 내 경험	나도 이와 비슷한…	전	전제 →	주장	**주장** 결론	후정 (주관)
4	경험을 통한 내 깨달음	생각해보면…	결	결론 ←			

모든 글을 이렇게 쓸 수는 없어요. 이때는 왜 이렇게 쓰게 했을까요?
〈이옥설〉의 구조가 그렇기 때문입니다. 다시 말해 아이들이 읽은
글의 구조와 쓸 글의 구조, 수업의 구조가 같습니다.

아이들은 이걸 세 번 반복하면서 '설設' 갈래에 대한 지식을 배우게
됩니다. 틀 하나를 익히는 거죠. 이렇게 다양한 틀을 갖추면, 그걸
응용해서 참신한 글을 쓸 수 있습니다. '닫힌 글'을 쓰는 연습을 통해
'열린 글'을 쓰는 힘을 기르는 거죠.

이 책에서 김수연 선생님 수업 사례를 보면 저와 비슷한 방법을
쓰셨어요. 학생들이 칼럼을 낯설어하니, 네 문단으로 구조를
만들어주셨죠. 각 문단에 쓸 내용도 정해주시니 학생들이 더

표2 〈이옥설〉의 구조

기	제기	집을 수리한 계기	행랑채가 망가져서 수리함	**선경** 객관/상황	**술** 경험
승	확장	집을 수리한 과정	두 경우(바로/지체)를 비교		
전	전환	우리 몸에 적용	우리의 몸도 그렇다. → 수신修身	**후정** 주관/의견	**교** 교훈
결	결말	나라 정치에 적용	나라 정치도 그렇다. → 치국治國		

표3 〈이옥설〉의 수업 구조

도입	기	안내	'설說'이라는 갈래 소개	5분	작품에 **대해서**	이야기 (경험)
전개 I	승	수용	〈이옥설〉 감상	20분		
전개 II	전	창작	〈이옥설〉을 바탕으로 자기 경험 쓰기	20분	작품을 **통해서**	깨달음 (교훈)
정리	결	내면화	학생의 관점에서 학습 내용 평가	5분		

편안하게 글을 썼을 거 같아요. 그런 틀이 없었다면 학생들은 칼럼이라는 낯선 갈래 앞에서 길을 잃지 않았을까요? 김수연 선생님의 친절한 안내 덕분에 학생들은 칼럼이라는 갈래 양식을 하나 익힌 것입니다.

틀은 태권도 품새와 같습니다. 실전에서 품새처럼 싸울 수 없다는 걸 알지만, 평소에 열심히 연습하잖아요. 그게 몸에 익어야 실전에서 응용할 수 있기 때문이죠. 글쓰기 수업도 그래야 한다고 생각해요.

졸업한 아이들이 찾아오면 글쓰기 이야기를 할 때가 있어요. 제가 가르친 글쓰기 전략 가운데 가장 기억에 남는 게 뭐냐고 물어보면, 많은 아이가 '문단'을 꼽습니다. 친구들과 자기가 쓴 글을 비교해보면 문단에서 차이가 난다고, 잘 쓴 글과 그렇지 않은 글은 문단 구성에서 갈리는 거 같다고 하더라고요.

저는 시나 소설 같은 문학작품이 아니라면 거의 모든 글에서 문단을 지정해줍니다. 물론 학생들이 스스로 문단을 참신하게 구성할 수 있어야겠죠. 하지만 그건 최종 목표입니다. 거기까지 도달하려면 중간 과정이 필요해요. 수업은 그런 것입니다. 최종 과제를 던져주고 알아서 가라고 등을 떠밀면 안 됩니다. 처음 몇 번은 손잡고 길을 알려줘야 해요. 그러면 나중에는 혼자서도 갈 수 있죠.

다른 수업도 그렇지만, 글쓰기에서는 특히 느린 아이들의 손을 더 오래 잡아줘야 합니다. 쓸거리를 모으고 조직할 때까지는 손을 놓지 말아야 합니다. 이 책의 수업 사례 가운데 이연화 선생님 글이 아주 감동적이에요. 한 명도 포기하지 않겠다는 간절함이 느껴지거든요. 그런 간절함을 느끼면 아이들은 결국 씁니다.

표현,

문장만 짧게 써도
욕은
안 먹어

그건 그냥 재미로 하는 것입니다. 놀이처럼 하는 거죠. 주제를 툭 던져주고, 아무 말이라도 좋으니 3분 동안 막 쓰라고 합니다. 내용은 안 보고 글자 수만 세서 많이 쓴 아이를 칭찬하죠. 수업에서 짬이 날 때마다 몇 번씩 합니다. 수업 내용과 너무 동떨어지면 손만 아파요. 그래서 수업 시작할 때 동기 유발 활동으로 하거나, 수업을 마치며 정리 활동으로 하면 좋아요.

그렇게 몇 번 하면 아이들이 글쓰기를 만만하게 봅니다. 그러다 시간 내서 12분 동안 막 쓰게 하죠. 아이들은 정말 어마어마하게 많이 씁니다. "12분 동안 이렇게 많이 썼어?"라며 폭풍 칭찬을 쏟아놓습니다. 그러면 아이들은 '글쓰기 어렵지 않네!' 이렇게 거만한 표정을 지어요. 그게 핵심입니다.

저는 수업에서 "세상에서 가장 나쁜 글은 오래 쓴 글이다!"라고 강조해요. 오래 붙들고 있다고 해서 좋은 글이 나오는 게 아니거든요. 선생님들도 출제할 때 생각해보세요. 일찍 시작한다고 일찍 끝나던가요? 처음에는 머리만 쥐어뜯다가 마감이 임박해야 문제가 술술 나오잖아요. 그래서 글쓰기 시간도 아주 짧게 줍니다. 글을 오래 붙들고 있으면 자기 자신을 괴롭히고, 나중에는 교사를 원망하게 되거든요.

● 글을 오래 쓰면 교사를 원망하게 된다. 맞는 말이네요.
● 학생들이 더 빠르게 글을 쓸 수 있도록 하려면
● 어떤 방법이 좋을까요?

뒤돌아보지 못하게 해야 합니다. 아이들은 자기가 쓴 글을 읽고 자꾸 고치려고 해요. 그러면 앞으로 나갈 수가 없어요. 고치는 단계는 나중에 있으니, 지금은 무조건 앞으로 달리라고 몰아붙입니다. 고등학교 3학년 독서 수업에서 그렇게 했어요. 25분 동안 교과서 글을 읽고, 25분 동안 글을 썼죠. 연습이 되니까 A4 한 장씩은 쓰더라고요.

앞에서 말씀드렸듯이 손을 잡아주는 건 정말 중요해요. 쓸거리를 차곡차곡 쌓고 글쓰기 틀을 구체적으로 제공하는 거죠. 이런 과정을 거치면 아이들은 조금 더 편하게 글을 씁니다. 글쓰기에서 작은 성공의 경험을 축적하는 거죠.

대학원에서 교육공학 수업을 들었는데요. 첫 시간에 깜짝 놀랐던 기억이 있어요. 학생이 100점을 못 받으면 누구 잘못인가요? 교사가 수업 설계를 잘못했기 때문이라네요. 그러니 학생을 바꾸려 하지 말고 교사가 바뀌어야 한다는 거죠. 그게 공학적 접근이었습니다. 쓰기에서도 마찬가지입니다. 교사가 제시한 목표를 달성하지 못한 학생이 있다면 그건 교사 잘못이에요. 교사가 목표를 너무 높게 잡았거나, 목표에 도달하도록 징검다리를 적절하게 배치하지 않았기 때문이죠.

먼저 목표를 낮춰야 합니다. 모든 학생이 도달할 수 있는 목표를 설정해서 성공의 경험을 자꾸 심어줘야 합니다. 그 경험에서 힘을 얻은 아이들이 조금 더 크고 힘든 과제에 도전하죠. 멋지게 쓰려고 하면 아예 못 씁니다.

특히 표현 단계에서는 교사가 욕심을 버려야 합니다. 문장 표현은 손가락 지문처럼 각자 다 달라서 욕심을 부린다고 되는 게 아니거든요. 원래 잘 쓰는 아이는 배우지 않아도 잘 쓰고, 그렇지 않은 아이는 아무리 가르쳐도 쉽지 않아요. 가끔 문장 표현이 정말 뛰어난 아이를 만나기도 하는데, 그때도 저는 칭찬을 아끼는 편입니다. 그건 제가 가르친 게 아니잖아요. 저는 제가 가르쳐서 잘하게 된 걸 더 많이 칭찬합니다. 제 전략은 이런 것입니다.

✦ 낮은 목표를 설정하고,

✦ 편하고 빠르게 도달할 수 있도록 틀을 제공하고,

✦ 폭풍 칭찬을 퍼붓기

표현 단계에서는 세 가지 정도만 강조해요. 문장은 짧게 써라. 문장 끝을 끌지 마라. 반복되는 말을 줄여라. 이것만 잘 지켜도 글이 훨씬 깔끔해집니다.

"문장은 짧게 써라.
문장 끝을 끌지 마라.
반복되는 말을 줄여라.
이것만 잘 지켜도
글이 훨씬 깔끔해집니다."

첨삭)

교사든 학생이든 할 수 있는 만큼만

● 글쓰기 수업에서 선생님들을 가장 힘들게 하는 게

● 피드백입니다. 선생님께서는 피드백을 어떻게 하시나요?

요즘에는 피드백을 '되먹임'이라고 하더라고요. 그런데 이게
중학교와 고등학교가 달라요. 고등학교에서 30년 동안 근무할 땐
학생들 글에 피드백을 거의 하지 않았어요. 많이 쓰다 보면 저절로
좋아지기도 하고, 또 동료 첨삭을 많이 활용했죠.

그때는 '아이들 글을 교실 밖으로 가져가지 않는다'는 원칙이
있었습니다. 첨삭이든 평가든 모두 교실 안에서 끝냈어요. 3학년
독서 시간에 25분 동안 읽고 25분 동안 쓰게 했다고 말씀드렸죠?
아이들이 글을 쓰는 시간에 저는 돌아다니면서 피드백했습니다.
물론 한 시간 안에 전부를 볼 수는 없으니, 이번 시간에는 1분단,
다음 시간에는 2분단, 이렇게 나눠서요.

동료 첨삭은 논술 수업에서 많이 활용했어요. 학생들은 서로 싸움이
붙으면 논술 수업이 끝나고 돌아가면서도 씩씩거리며 논쟁해요.
그러고는 "두고 보자" 하며 절치부심해서 다음 시간에 더 나은
글을 써오죠. "오랑캐로 오랑캐를 잡는다"라는 말이 이런 뜻이구나
싶었죠. 그때는 연수에서 발표할 때도 선생님들께 "아이들 글 걷어
나오지 마세요"라고 당당하게 말하곤 했어요. 지금 생각하니 조금
부끄럽네요.

 왜 부끄러워지셨을까요? 지금은 중학교에 계시잖아요.
 중학교에서는 어떤 방법으로 피드백하시나요?

중학교는 확실히 다르더라고요. 동료 첨삭을 하게 했더니 "와! 너무
잘 썼어요" "뭘 잘 썼어?" "전부 다 좋아요" 이런 이야기를 들으니
맥이 탁 풀리죠.
중학교에서는 피드백을 많이 하는 편이에요. 특히 시를 쓸 땐 더
그랬죠. 따로 시간을 내서 하려면 힘들어요. 그래서 학생들을 만날
때마다 툭툭 던졌어요. 예를 들면 "너희 집 강아지 재롱이는 잘 있니?
그런데 재롱이 마음을 간접적으로 쓰지 말고, 직접 대화로 인용하면
어떨까?"처럼요. 한 학년이 100명 남짓이라 아이들 시가 제 머리에
들어와 있어서 가능한 일이었죠.

이 방식은 의외의 효과가 있어요. '선생님이 내가 쓴 시를 기억하고 계시네. 그리고 그 시를 더 좋게 고치도록 평소에도 마음을 쓰고 계시는구나!' 아이들이 이런 마음을 가지면 더 열심히 고치죠. 이런 분위기는 다른 아이들에게도 전염됩니다. '열심'이 '열심'을 낳는 거죠.

● **선생님 말씀을 들으니 '그게 꼭 중학교와 고등학교의**
● **차이일까?' 이런 궁금증이 생기네요.**

타당한 지적입니다. 중학교와 고등학교의 차이는 아니죠. 이 책의 수업 사례에서도 확인할 수 있듯이, 고등학교에 계신 이기주 선생님은 400명이 넘는 학생들의 글을 하나하나 꼼꼼하게 피드백하셨어요. 정말 온 힘을 쏟아부으셨죠. 그 덕분에 모든 학생이 의미 있는 글을 쓸 수 있었습니다. 반면 최종민 선생님은 중학교에서도 동료 첨삭을 활용하셨어요. 최종민 선생님은 글쓰기에 전략적으로 접근하시는데, 피드백도 그렇게 하신 거 같아요. 결국 피드백에는 정답이 없습니다. 저는 제 상황에서 할 수 있는 최선의 길을 찾은 것입니다. 올해는 이렇게 했어도 내년에는 다르게 할 수도 있어요. 상황이 바뀔 테니까요. 선생님들께서도 그렇게 하시면 됩니다.

- **선생님 자료에서 시 쓰기 자기 점검표를 봤어요.**
- **세심한 구성이 너무 좋아 보였는데요.**
- **어떻게 하신 건지 궁금합니다.**

시뿐만 아니라, 어떤 글을 쓰더라도 자기 점검표를 만드는 편입니다. 학생들에게는 고쳐쓰기 점검표이고, 교사에게는 평가 기준이 되죠. 그래서 고치기 단계가 아니라 글을 쓰기 전에 먼저 제시합니다. 이것도 동료 첨삭과 비슷해요. 고등학교에서는 무척 유용했는데, 중학교에서는 잘 맞지 않더라고요. 중학생 수준에 맞게 다듬어야겠다고 생각하고 있습니다.

표4   시 쓰기 자기 점검표

1. 직접 겪은 일상의 경험에서 주제를 찾았나?

예 아니요 → 너무 거창한 주제는 시로 쓰기 어렵다. 일상에서 겪을 수 있는 사소한 이야기에서 주제를 고르자.

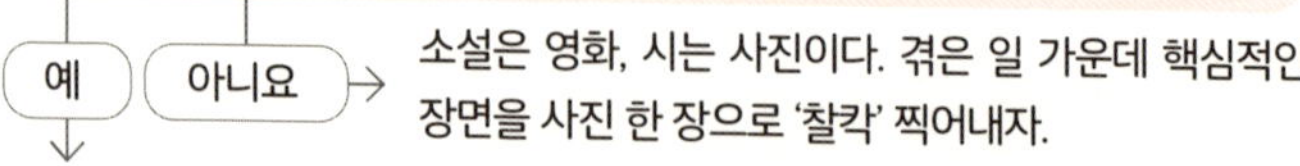

2. 실마리 하나만 잡았나?

예 아니요 → 소설은 영화, 시는 사진이다. 겪은 일 가운데 핵심적인 장면을 사진 한 장으로 '찰칵' 찍어내자.

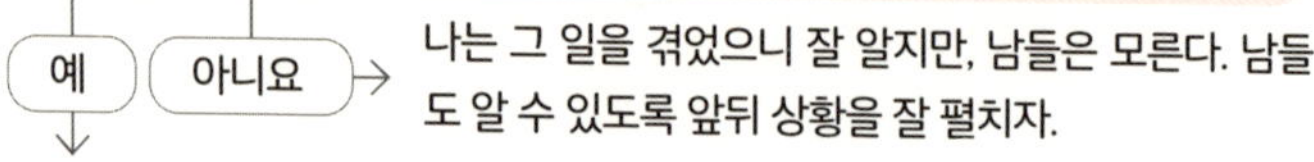

3. 뭉친 실타래를 잘 펼쳐냈나?

예 아니요 → 나는 그 일을 겪었으니 잘 알지만, 남들은 모른다. 남들도 알 수 있도록 앞뒤 상황을 잘 펼치자.

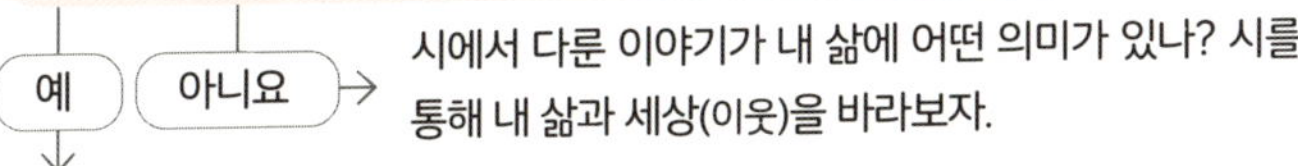

4. 실마리 끝이 삶에 닿아 있나?

예　아니요 → 시에서 다룬 이야기가 내 삶에 어떤 의미가 있나? 시를 통해 내 삶과 세상(이웃)을 바라보자.

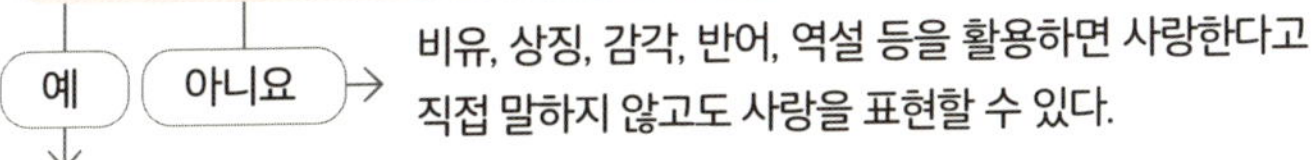

5. 감정을 직접 말하지 않고 그려 보였나?

예　아니요 → 비유, 상징, 감각, 반어, 역설 등을 활용하면 사랑한다고 직접 말하지 않고도 사랑을 표현할 수 있다.

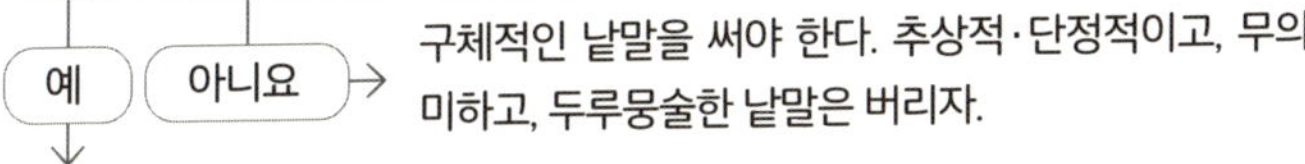

6. 손에 잡히는 생생한 낱말을 썼나?

예　아니요 → 구체적인 낱말을 써야 한다. 추상적·단정적이고, 무의미하고, 두루뭉술한 낱말은 버리자.

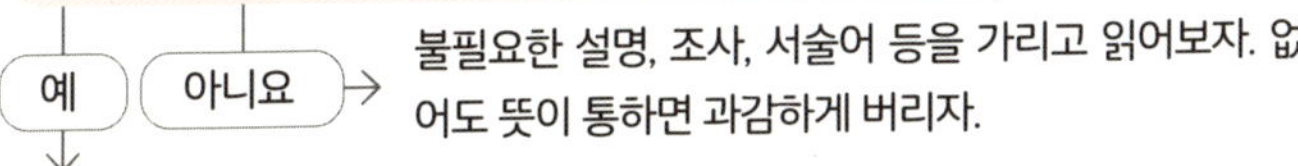

7. 빼도 될 말은 없나?

예　아니요 → 불필요한 설명, 조사, 서술어 등을 가리고 읽어보자. 없어도 뜻이 통하면 과감하게 버리자.

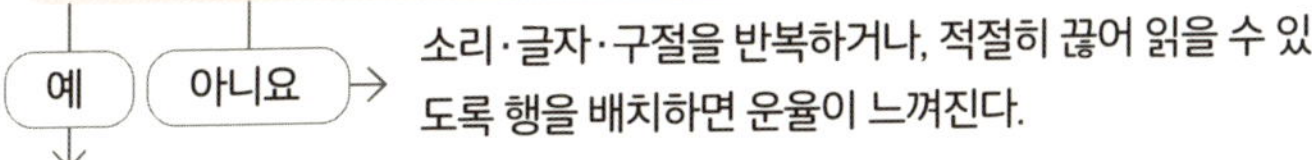

8. 반복을 통한 운율이 느껴지나?

예　아니요 → 소리·글자·구절을 반복하거나, 적절히 끊어 읽을 수 있도록 행을 배치하면 운율이 느껴진다.

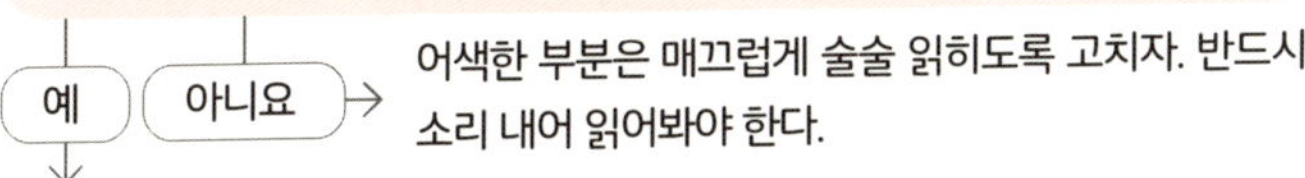

9. 소리 내어 읽었을 때 자연스러운가?

예　아니요 → 어색한 부분은 매끄럽게 술술 읽히도록 고치자. 반드시 소리 내어 읽어봐야 한다.

짝!짝!짝! 멋진 시를 완성했네요. 이제 여러분도 시인입니다.

● 점검표가 무척 체계적이네요. 순서도처럼 만들어서

● 학생들이 재미있게 할 거 같아요. 점검표 가운데 가장

● 강조하시는 부분이 있나요?

저는 9번, 소리 내어 읽기를 가장 강조합니다. 어떤 글이든 반드시 소리 내어 읽고, 그 소리를 자신이 직접 들어야 합니다. 그러면 아이들이 "헉, 이게 무슨 말이야?" 하며 소스라치게 놀라죠. 녹음해서 들어보면 더 끔찍합니다. 그걸 술술 읽히도록 다듬는 게 고쳐쓰기의 핵심입니다.

그런데 글을 몇 번 소리 내어 읽으면 어색하게 느껴지지 않을 때가 있어요. 글을 잘 고쳐서 그렇기도 하지만, 어색한 게 익숙해져서 그렇기도 하죠. 그럴 땐 동료 첨삭이 필요합니다. 친구에게 소리 내어 읽어보고 어색한 부분을 말해달라고 부탁하는 거죠. 품앗이로 하면 좋습니다.

이렇게 몇 번 고친다고 글이 완벽해질 수는 없어요. 욕심을 버려야 합니다. 욕심은 학생을 짓누르고 교사를 옥죕니다. 이번 글쓰기 한 번으로 완벽한 수준에 도달하려고 하지 마세요. 저번보다 조금이라도 나아졌다면 그걸로 충분합니다. 그렇게 조금씩 좋아지면 됩니다. 폭풍 칭찬도 잊지 마시고요. 교사도 할 수 있는 만큼, 학생도 할 수 있는 만큼! 그게 피드백에서 가장 중요한 원칙이라고 생각해요.

"몇 번 고친다고
글이 완벽해질 수는 없어요.
욕심은 학생을 짓누르고
교사를 옥죕니다.
저번보다 조금이라도 나아졌다면
그걸로 충분합니다."

평가,

걸림돌을 디딤돌로 바꾸는 지혜

● **마지막으로 평가에 관한 질문입니다.**

● **사실 선생님들을 가장 힘들게 하는 문제가 아닌가 싶은데요.**

● **글쓰기 평가는 어떻게 해야 할까요?**

평가는 정말 고민이죠. 여기서 간단히 다룰 수 있는 문제가 아닌

거 같아요. 전국국어교사모임 회지인 《함께 여는 국어교육》에서도

'평가'나 '글쓰기'를 자주 다뤘습니다. 최근 글 몇 편을 소개해

드릴게요. 깊이가 있는 글들이니 꼭 읽어보시기를 권해요.

✦ 2020년 여름(138호) 〈평가 원망 해결〉

✦ 2022년 봄(145호) 〈평가 계획〉

✦ 2023년 겨울(152호) 〈나를 만나는 글쓰기〉

✦ 2024년 봄(153호) 〈피드백〉

138호에는 제 글도 실렸습니다. 다만 5년 전에 쓴 글이라 지금과는 상황이 꽤 달라요. 평가는 교육청마다 지침이 다르니 반드시 확인하셔야 하고요.

● 그 교육청 지침이 문제가 될 때가 많습니다. 그걸 하나하나
● 따르다 보면 제가 생각했던 평가를 할 수가 없어요.
● 이럴 땐 어떻게 하면 될까요?

교육청이 원하는 건 교육과정을 바탕으로 한 아름다운 평가 기준(㉮)입니다. 저는 우선 그들이 원하는 걸 만들어줍니다. 하지만 실제로는 제가 평가하고 싶은 걸 평가(㉯)합니다. 국어는 융통성이 많은 과목이잖아요. 제 기준(㉯)을 충족한 글이라면 ㉮에 따라서도 좋은 평가를 받을 수 있습니다. 줘야 할 건 속 시원하게 주고, 실속은 따로 챙기는 거죠. 다만 요령껏 하셔야 합니다. 교육청, 학교마다 상황이 다르니까요.

저는 거의 모든 수행평가에서 다섯 가지 기준을 제시합니다.

표5 수행평가 기준

뿌리	① 기한: 글을 제때 내는 건 서로에 대한 약속이다.	초급
	② 분량: 정해진 분량을 지키는 건 글에 대한 정성이다.	
줄기	③ 형식: 문단 구성을 비롯해서 반드시 지켜야 할 한 가지	중급
	④ 내용: 주제를 비롯해서 반드시 포함해야 할 한 가지	
꽃	⑤ 수준: 글 전체의 수준 → 욕심을 부린다고 되는 게 아니다.	고급

이 가운데 핵심은 무엇일까요? 초급에 해당하는 '기한'과 '분량'은
국어 시간에 가르칠 게 아닙니다. 고급에 해당하는 '수준'은 국어
시간에 가르친다고 되는 게 아니죠. 가장 중요한 건 '형식'과
'내용'입니다. 그래서 저는 어떤 수행평가에서든 딱 두 가지만
가르치려고 합니다. 예를 들어 2023년에 중학교 2학년 학생들에게
시를 쓰게 할 때 채점 기준은 이랬죠.

✦ 형식: 반어 또는 역설을 활용할 것

✦ 내용: '내 인생의 오해'를 담을 것

이 두 가지 조건만 지키면 만점을 줬습니다. 그걸 중심으로 학교에 제출하는 아름다운 문서(㉮)를 만들었더니, 교육과정과도 크게 상충하지 않았어요.

두 가지 기준이면 너무 적지 않냐고요? 그렇지 않습니다. 아이들은 해마다 여러 수행평가를 합니다. 그때마다 두 가지씩만 확실하게 익혀도, 그게 쌓여 학생들의 언어 능력이 크게 성장합니다. 거듭 강조하지만, 한 번의 수행평가로 끝장을 보려고 해서는 안 됩니다.

● 수행평가마다 꼭 가르쳐야 할 요소를 두 가지 정해서
● 그걸 중심으로 가르치고 평가하시는군요.

맞습니다. 중학생이든 고등학생이든 평가에 예민하잖아요. 평가에 반영한다고 하면 더 신경을 쓰죠. 그러니 평가를 잘 활용하면 교사가 의도한 바를 더 효율적으로 가르칠 수 있어요. 평가는 글쓰기 수업에 걸림돌이 되기도 하지만, 디딤돌이 될 수도 있죠.

저는 몇 년 전부터 그렇게 하고 있어요. 일단 초고는 빠르게 작성하도록 다그칩니다. "나중에 고칠 기회가 있어요. 오래 쓰는 글은 죄악이에요" 하면서요. 그다음 고칠 땐 가능한 모든 자원을 활용하라고 부추깁니다. 친구들에게 도움을 요청해도 되고, 저도 적극적으로 피드백합니다. 때로는 "글을 마무리할 때 유명한 사람의 말을 인용하면 좋겠는데, 인공지능한테 물어봐"라고 하기도 합니다. 부모님도 가능하다고 열어두지만, 그렇게까지 하는 아이는 거의 없더라고요.

왜 그렇게 하느냐고요? 제가 글을 그렇게 쓰기 때문입니다. 글은 혼자 쓰는 게 아닙니다. 초고를 쓰고, 다른 사람의 의견을 듣고, 다시 고치죠. 책으로 출간할 땐 편집자의 손을 거칩니다. 혼자 쓰는 글은 없습니다. 그런데 왜 학생들에게는 고독하고 외롭게 쓰라고 할까요? 제가 평가하고 싶은 건 이런 것들입니다.

- ✦ 내가 쓴 글을 다른 사람에게 보여줄 수 있는 용기
- ✦ 다른 사람의 조언을 귀담아들을 수 있는 열린 마음

✦ 그 조언에 따라 글을 적절하게 고칠 수 있는 능력

다만 글을 쓰고 고치는 과정은 오롯이 다 드러나야 합니다. 먼저 쓸거리를 모으고 글의 구조를 세우는 과정이 학습지에 고스란히 남아 있죠. 그걸 바탕으로 초고를 쓰면 제가 하나씩 출력해줍니다. 그러면 학생들은 그 종이에 수정할 부분을 표시하죠. 그걸 보면서 자기 글을 고칩니다. 수정은 수업 시간 안에 교사가 관리하는 상황에서 시간을 엄격히 제한해 진행합니다. 수정 사항을 표시한 종이도 함께 제출하게 하죠. 이 모든 활동은 과정 평가에 반영됩니다.

● **인공지능을 말씀하셨는데요. 요즘 글쓰기 수업에서**
● **선생님들이 많이 고민하는 문제이기도 합니다.**
● **어떻게 바라보고 계신가요?**

솔직히 말씀드리면 깊이 고민해보지는 못했어요. 그걸 들여다보기에는 제가 너무 오래된 사람입니다. 이 책의 김윤형 선생님 수업 사례에서 글쓰기 윤리 문제를 다루고 있습니다. 전통적인 윤리 문제뿐 아니라 새로운 기술을 어떻게 받아들일지 현명한 길을 찾으신다면 저한테도 알려주시면 좋겠습니다.

교사에게 가장 필요한 건 용기라고 말씀드렸잖아요. 부족한 나를 있는 그대로 인정하고 더 나아지려고 발버둥치는 태도, 그게 용기입니다. 용기를 갖고 쓰기에 도전해보세요.

그렇다고 쓰기를 움켜쥐면 안 됩니다. 생각그물을 배운 자 생각그물을 버리고, 쓰기를 배운 자 쓰기를 버리라고 했잖아요. 생각그물이나 쓰기는 도구일 뿐입니다. 그걸 바짝 움켜쥐면 아이들의 삶이 손가락 사이로 빠져나갑니다. 쭉정이만 남고 알맹이는 말라 죽어요.

작은 용기는 쓰기에 도전하려는 마음이고, 더 큰 용기는 쓰기를 버리는 것입니다. 쓰기에 덤비고, 쓰기를 넘어 아이들의 삶으로 성큼 들어가시기를 바랍니다. 그러면 선생님들의 삶도 달라지리라 믿어요.

글쓰기를 고민하시는 선생님들을 위해 다섯 분의 수업 사례를 소개합니다. 정말 멋진 사례들이지만, 이 역시 '대해서'가 아니라 '통해서' 보시기를 권합니다. 고맙습니다.

생활글 쓰기

이 책에 등장하는 학생의 이름은 모두 가명입니다.

쓰겠다는 결심

느린 아이의
손 잡아주기

이연화

여자고등학교와 외국어고등학교에서 10년을 보내고 지역을 옮겨 발령받은 학교는 원하지 않았던 중학교, 게다가 신설 학교였다. 신설이라고 해서 2학년과 3학년은 없을 줄 알았는데 주변 학교에서 원하는 전학생들을 받아 2학년이 두 학급, 3학년이 한 학급 있었다. 나는 그 가운데 2학년을 전담하게 되었다. 두 학급의 아이들은 대부분 경계심이 가득했다. 학생들은 첫 수업 시간에 이미 교사에 대한 파악이 끝난다고 하는데, 그것은 교사도 마찬가지다. 나는 이 아이들과 친해지려면 시간이 오래 걸리겠다고 생각했다.

여자고등학교와 외국어고등학교 학생들은 스스럼없이 자신을 잘 드러냈고, 의견과 생각을 적극적으로 이야기하는 편이었다. 하지만 머리가 꽤 큰 아이들이라 다른 친구들의 평가에 신경을 무척 썼고, 특히 교사의 눈치를 많이 봤다. 그래서 솔직함이나 참신함보다는 무난함이 앞섰다. 그런 점에서 곧 가르치게 될 중학생에 대한 기대가 살짝 있었다. 고등학교에서 근무하기 전 중학교에서도 10년을 보냈는데, 그 시절의 중학생들은 생기발랄하고 천진난만한 수다쟁이들이었기 때문이다. 발표하지 못해 아쉬워하는 아이들을 달래며 다음 시간을 기약하는 것으로 수업을 마무리했던 기억이 선명했다.

하지만 기대는 와장창 깨졌다. 이 아이들은 아니었다. 자신에 대한 다른 아이들의 평가에 아주 민감하면서도 동시에 모든 것에 무심해 보였다. 그래서인지 입을 꾹 닫고 반응을 하지 않았다. 수행평가 계획서를 제출한 것은 아이들을 만나기 전이었는데, 막상 만나고 나니 덜컥 겁이 났다. '과연 할 수 있을까?' 내가 계획한 두 개의 수행평가는 모두 다른 사람 앞에서 자신을 드러내야 하는 활동이었다. 하나는 예능 프로그램 형식을 빌려 탁자를 사이에 두고 화자가 청자에게 이야기하는 소그룹 발표 '고전소설 스토리텔링'이었고, 다른 하나는 '생활글 쓰기'였다.

특히 '생활글 쓰기'는 교사와 학생, 학생과 학생 사이에 라포르가 형성되지 않으면 진솔한 경험을 끌어내기 어렵다. 아이들끼리도 서먹서먹하고 교사인 나도 무척 낯선데, 아이들이 자신을 제대로 드러낼 수 있을까? 수행평가 계획을 바꿀 수는 없었고, 이왕 하기로 한 것이니 학생들에게 의미 있는 활동이 되기를 바랐다. 아이들이 글을 쓰면서 감정이나 생각을 정리하거나, 자신이 겪는 문제의 해결책을 떠올려봤으면 했다. 무엇보다 자신의 마음을 이해하는 시간이 되면 좋겠다고 생각했다.

수업을 할수록 유독 느린 아이 세 명이 눈에 띄었다. 세용이는 중요하지 않은 일에도 상황에 맞지 않게 분노를 터뜨렸고, 자격지심도 있었다. 어휘력이 부족한 것 같지는 않았지만 책 읽는 속도가 아주 느렸다. 우진이는 다른 아이들의 눈치를 필요 이상으로 보느라 책 읽는 속도가 나지 않았다. 지훈이는 기초 학력 진단평가에서 국어와 영어 과목을 통과하지 못했다. 어휘력이 몹시 부족했고, 읽은 내용을 기억하는 것을 어려워했다.

나는 '생활글 쓰기' 수행평가에서 이 세 아이에게 가장 마음을 쏟았다. 이 아이들이 제대로 활동에 참여할 수 있다면, 다른 아이들도 한 명도 빠짐없이 목표에 도달할 수 있으리라 생각했다. 어떻게 하면 이 아이들이 마음을 열고 자기가 겪은 일을 글로 써내도록 할 수 있을까?

단계		차시	수업 내용
전	준비	1차시	교과서 내용 배우기
		2차시	생활글 읽기
중	실제 글쓰기	3차시	글감 찾기(학습지 1, 2, 3단계)
		4차시	글쓰기(학습지 4단계)
		5차시	글 고쳐쓰기(학습지 5단계)
		6차시	최종 글쓰기(학습지 6단계)
후	정리	7차시	일대일 피드백과 수업 마무리

글쓰기로 끌어들이기, "널 위한 글쓰기야"

목적은 명확하게, 동기는 다양하게

"그 수행평가를 왜 하는지 모르겠어요!"

성적에 민감한 학생들이 많은 고등학교에서 오랜 기간 담임 교사를 하며 학생들에게 자주 듣던 불평이다. 아이들은 대체로 입시가 최우선이다. 특히 학생부 위주 전형을 노리는 학생들은 과목별 세부능력 및 특기사항을 '있어 보이게' 채우려 하기에 수행평가의 중요성을 인정한다.

최근 교과 세특의 경향이 바뀌면서 진로와 무리하게 연결하기보다 교과의 특성을 살리는 것이 중요하고, 학생의 수행 과정을 기재하는 게 의미가 있다는 것을 학생들도 알게 되었다. 그래서 국어의 경우에는 읽기와 쓰기, 말하기와 듣기 활동이 필요하다는 데도 동의한다. 학생들은 굳이 입시와 연결하지 않더라도 국어 교과를 통해 음성·문자 언어를 매개로 협력적인 소통 역량을 키워야 한다고 어렴풋이 생각하고 있었다.

하지만 각 영역을 왜 그와 같은 수행 형식으로 평가하는지는 잘 모른다. 교사들도 활동의 목적과 의미를 자세하게 설명해주는 경우가 많지 않다. 수행평가를 안내할 때 점수와 시기, 기간, 채점 방법은 꼼꼼하게 공지하지만, 활동을 왜 그렇게 설계했는지, 학생들이 활동을 통해 무엇을 얻을 수 있는지는 충분히 설명하지 않는다.

그러다 보니 학생들은 활동에 참여할 동기를 충분히 느끼지 못한 상태에서 단지 점수를 얻기 위해 수행평가에 참여한다. 애초에 성적의 필요성을 강하게 느끼는 학생이라면 20점이라는 점수만으로도 충분한 동기가 된다. 하지만 채점과 변별은 수행의 목적이 아니고 결과다. 수행의 목적은 즐거운 학습 경험을 통해 지식, 기능, 태도를 성취하는 데 있다. 그래서 나는 첫 시간에 이 점을 명확히 한다.

첫째, 이 수행평가는 왜 이 단원을 배운 후에 실시하는가?

둘째, 이 수행평가를 통해 어떤 것을 성취하게 되는가?

이번에는 감동이나 즐거움을 주는 '생활글 쓰기'를 수행평가로
진행합니다. 감동이나 즐거움을 주려면, 자신이 겪은 일 가운데
기억에 남는 일을 글감으로 삼는 게 좋아요. 그래서 생활글
쓰기죠. 어떤 이야기가 실화라고 하면 더 끌리지 않나요?
이번 단원을 통해 글 속에 속담, 관용어, 명언, 개성적인 발상
같은 표현을 넣으면 내용을 더 효과적으로 전달할 수 있다는
걸 배웠습니다. 이제 배운 내용을 적용해서 자신의 색깔을 담아
글을 써볼 거예요. 물론 다양한 표현을 사용하지 않아도 글을
쓸 수 있고 내용도 전달할 수 있어요. 하지만 적절히 사용하면
내용을 더 이해하기 쉽게 전달할 수 있고, 깊은 인상을 줘서
기억에 오래 남게 할 수도 있어요.
생각해보세요. 떡볶이에 떡만 들어가면 어때요? 심심하죠.
그런데 어묵이나 양배추, 만두, 라면 사리까지 들어가면 훨씬
다채롭고 먹는 즐거움도 커지잖아요. 글도 마찬가지예요.
더 나아가 이 활동을 위해 글감을 찾는 과정에서 여러분의 삶과
경험을 되돌아보면 더 의미가 있는 시간이 될 거예요.

아이들은 이 정도만 설명해도 이 수행평가를 왜 하자고 하

는지 이해하고 고개를 끄덕인다. 심지어 어떤 학생은 바로 글쓰기를 시작할 태세를 갖추기도 한다. 하지만 그렇지 않은 아이들도 있다. 아무것도 하기 싫어하거나 글쓰기에 자신이 없는 학생들이다.

나는 그런 아이들을 위해 글쓰기의 힘을 이야기해준다. 중학교 2학년만 되어도 가정불화, 친구의 배신, 이성 친구와의 갈등, 성적으로 인한 좌절 등 꽤 묵직한 일을 많이 겪는다. 아이들은 하루 종일 친구와 경험을 공유하는 것처럼 보이지만, 정작 자신의 감정을 솔직하게 털어놓는 경우는 드물다. 그래서 감정을 글로 풀어내보자고 말한다. 자기 경험과 그때의 감정 상태를 글로 쓰는 것만으로도 마음이 편안해져서 후련함을 느낄 수 있다고 알려준다. 내가 읽은 내용은 비밀로 할 테니 믿어보라고도 한다.

글쓰기에는 힘이 있어요. 그동안 마음을 무겁게 누르고 있던 이야기가 있다면 이번 기회에 털어놔보세요. 경험과 감정을 솔직하게 털어놓을수록 마음이 편해질 거예요. '선생님이랑 안 친한데 어떻게 말해요?'라고 생각할 수도 있겠지만, 오히려 나를 잘 모르는 사람한테 솔직한 이야기를 털어놓기 쉬운 법이에요. 이래 봬도 선생님 입이 꽤 무겁답니다.

이 수행평가를 왜 하는지 설명하면서 학생들이 얻게 될 점을 언급했다. 이것은 교육과정 성취기준에 해당하기에 곧 수행평가 채점 기준이 된다. 학생들과 내용을 비밀로 하겠다고 약속했으니 수행평가 학습지에 표지가 필요하다. 이 표지에 성취기준과 채점 기준의 평가 요소를 넣으면, 학생들이 수시로 확인할 수 있어서 좋다. 학습지를 나눠줄 때 채점 기준을 꼼꼼히 읽어보라고 하면, 형광펜으로 표시하거나 밑줄을 치는 학생도 있다.

수업의 흐름은 단순하다. 먼저, 한 시간 동안 다른 사람이 쓴 생활글을 읽는다. 글쓰기 전 활동은 모두 패들렛으로 진행한다. 읽은 글에 자기 나름의 별점을 매기고, 글에 쓰인 다양한 표현을 찾아 댓글로 달아본다. 학생들은 글을 읽으며 어떻게 쓰면 되는지 감을 잡게 된다.

다음으로 글감을 정한다. 네 가지 항목을 제시하고 해당 글감이 떠오르면 그것으로, 해당하지 않으면 '기타'로 정한다. 떠올린 글감을 댓글로 달고 글의 주제와 글을 쓰는 목적을 정한 후, 댓글을 달면서 쓰고자 하는 글의 내용을 구체화한다.

그다음 실제 글쓰기로 넘어가 교사에게 수행평가 종이를 받아 글을 쓰면 된다. 흐름은 간단하지만, 여러 차시로 진행하는 수행평가에서는 학생들이 늘 물어본다.

표현력이 자라는 생활글 쓰기

저는 수행평가 학습지입니다. 잃어버리지 마세요.

✦ 이 수행평가를 통해 달성할 수 있는 교육과정 성취기준

[9국03-05] 자신의 삶과 경험을 바탕으로 독자에게 감동이나 즐거움을 주는 글을 쓴다.

[9국03-07] 생각이나 느낌, 경험을 드러내는 다양한 표현을 활용해 글을 쓴다.

[9국03-09] 고쳐쓰기의 일반 원리를 고려해 글을 고쳐 쓴다.

[9국05-09] 자신의 가치 있는 경험을 개성적인 발상과 표현으로 형상화한다.

✦ 수행평가 채점 기준

평가 요소 (배점)	수행 수준	점수
자신의 삶과 경험을 바탕으로 독자에게 감동이나 즐거움을 주는 글쓰기 (5점)	자신의 삶과 경험을 바탕으로 사건이나 행동, 생각이나 느낌을 진솔하고 창의적으로 표현해 글의 내용이 풍부하며 독자에게 감동이나 즐거움을 주는 글을 씀.	5
	자신의 삶과 경험을 바탕으로 사건이나 행동, 생각이나 느낌을 표현해 정해진 분량의 글을 제출했으나 감동과 즐거움을 주기에는 다소 부족함.	4
	자신의 삶과 경험을 바탕으로 사건이나 행동, 생각이나 느낌을 표현하는 것을 어려워해 분량이 지나치게 부족하고 주제에 맞는 글이라고 보기 어려움.	3
	자신의 삶과 경험을 바탕으로 한 글을 완성하지 못함.	2

생각이나 느낌, 경험을 드러내는 다양한 표현 활용하기 (5점)	속담, 관용 표현, 격언, 비유, 창의적인 발상을 5개 이상 활용함.	5
	속담, 관용 표현, 격언, 비유, 창의적인 발상을 3~4개 활용함.	4
	속담, 관용 표현, 격언, 비유, 창의적인 발상 중 1~2개 표현을 활용함.	3
	속담, 관용 표현, 격언, 비유, 창의적인 발상을 전혀 활용하지 못함.	2
개성적인 발상과 표현으로 형상화하기 (5점)	자신의 삶에서 발견한 가치 있는 경험을 창의적이고 개성적인 방식으로 표현해 참신한 글을 완성함.	5
	자신의 삶에서 발견한 가치 있는 경험을 창의적이고 개성적인 방식으로 표현해 글을 완성함.	4
	자신의 삶에서 발견한 가치 있는 경험을 표현하려는 시도를 했으나 개성적인 발상이 충분히 드러나지 않음.	3
	글에 개성적인 발상이 전혀 드러나지 않음.	2
고쳐쓰기의 일반 원리를 고려해 글 고쳐쓰기 (5점)	고쳐쓰기의 일반 원리를 반영해 자신이 쓴 글을 능동적으로 점검하고, 독자가 이해하기 쉽게 고쳐 씀.	5
	고쳐쓰기의 일반 원리를 반영해 자신이 쓴 글을 점검하고 고쳐 씀.	4
	고쳐쓰기의 일반 원리를 반영해 자신이 쓴 글을 부분적으로만 점검하고 고쳐 씀.	3
	고쳐쓰기의 일반 원리를 반영해 고쳐 쓰지 못함.	2
기본 점수 (수행평가 활동에 참여했으나 과제 미제출, 본인 의사에 의한 미응시)		8
장기 미인정 결석자		7

"이 단계는 언제 끝나요?"

"글쓰기는 언제까지 해요?"

"몇 시간 동안 해요?"

칠판에 수행 활동의 흐름을 날짜와 함께 써줘도 수업이 시작할 때나 끝날 때 물어보는 학생들이 꼭 있다. 그래서 패들렛을 활용해 수업할 때는 패들렛에 몇 차시 동안 진행하는지, 몇 단계로 활동하는지 수업의 흐름을 미리 게시해두면 학생들이 틈틈이 확인할 수 있어 교사가 덜 번거롭다.

자신을 드러내야 하는 활동에서는 아이들과 라포르가 형성되지 않으면 진솔한 삶의 경험을 끌어내기 어렵다. 그래서 우선 교사가 '믿을 만한 사람'이 되어야 한다고 생각했다. 내가 생각한 조건은 두 가지다. 첫째는 자기 이야기를 해도 될 만한 사람이어야 하고, 둘째는 자기 이야기를 잘 들어주는 사람이어야 한다.

이를 위해 첫 번째 수행평가였던 '고전소설 스토리텔링'에서는 학생들이 제출한 모든 글에 피드백을 달았다. 평가와 관련된 피드백도 했지만, 별 의미 없는 소소한 이야기도 하며 아이들과 친해지려고 노력했다. 학생들이 어떤 글을 쓰든 교사가 그것을 읽고 반드시 댓글을 달아준다는 믿음을 주고 싶었다. 이렇게 해서 아이들이 글쓰기에 빠져들도록 마음을 썼다.

핵심은 이렇다. 목적은 명확하게, 동기는 다양하게. "널 위한 글쓰기야."

글쓰기가 왜 어려워?
느린 학습자의 저마다의 이유

자신의 수준을 들키고 싶지 않은 아이, 세용이.

세용이는 감정 조절에 서툰 아이다. 별로 중요하지 않은 일에도 상황에 맞지 않게 감정을 폭발적으로 표출한다. 그리고 자신이 느리다는 것을 친구들에게 들키고 싶어 하지 않는다.

하루는 시 수업을 하며 학습지의 탐구 문제를 채워나가는 짝 활동을 진행하고 있었다. 교실을 돌아다니며 아이들의 학습지를 점검하면서 질문에 대답도 해줬다. 마지막으로 세용이 자리에 도착해 학습지를 봤더니 텅 비어 있었다. 교실을 두 바퀴 도는 동안 한 글자도 쓰지 않은 것이다. 세용이에게 학습지를 채워보자고 하고, 잘 모르겠으면 교사나 짝에게 물어보라고 했다. 그리고 짝에게 세용이를 좀 도와주라고 했다. 그랬더니 세용이가 갑자기 화를 내면서, 왜 자기한테만 그런 이야기를 하느냐고 소리쳤다. 교실 분위기는 순식간에 얼어붙었다.

세용이가 감정 조절에 문제가 있다는 건 알았지만, 그런 모습을 처음 봐서 무척 당황스러웠다. 일단 복도로 나가자고 했다. 맨 앞자리인 세용이 뒤로 보이는 아이들의 눈에 불안이 가득했기 때문이다. 세용이는 복도에 나가서도 계속 숨을 몰아쉬었다. 때마침 종이 쳐 아이를 상담실로 데리고 들어갔다.

왜 그렇게 화가 났는지 물으니, 선생님이 자신만 차별했다며 씩씩거렸다. 눈에는 살기를 띠고 있었다. 어떤 차별을 받았냐고 물으니, 다른 아이들한테는 아무 말도 안 했는데 자기한테만 학습지를 쓰라고 했고, 짝한테 자신을 도와주라고 '꼽'을 줬다는 것이다. 나는 그 말을 듣고 세용이를 차분하게 달랬다.

"학습지를 채우지 않은 아이는 세용이 너하고 우진이뿐이었어. 내가 우진이에게도 학습지를 채우라고 했고, 우진이 짝한테도 우진이를 도와주라고 했어. 너한테만 그런 게 아니야. 우진이는 3분단이라 네가 있는 1분단까지는 안 들렸나 보네."

그러자 세용이는 자기도 그 말을 들었다고 했다. 나는 그 상황을 있는 그대로 다시 정리해주고 "그런데도 네가 나를 차별하는 교사라고 생각했다니, 내가 좀 서운하다"라고 말했다. 그러자 세용이의 눈빛이 바뀌더니 갑자기 울기 시작했다. 왜 우냐고 물으니 죄송해서 그렇단다.

"네가 갑자기 화를 내서 아이들이 많이 놀랐을 거야. 나도 많이 놀랐고…. 나는 네가 다른 아이들과 똑같이 학습지를 다 채우고 이번 시간을 마무리하길 원했어. 네가 할 수 있는 걸 아는데, 하지 않은 걸 보고도 그냥 놔두는 건 너를 포기하는 거잖아. 그게 진짜 차별이야.”

이 일이 있고 나서 세용이는 다시 화를 내지도, 필기를 빼먹지도 않았다. 하지만 그것보다 더 중요한 게 있었다. 세용이의 속마음을 알게 된 것이다. 다른 아이들보다 느려서 학습 능력이 떨어진다는 사실을 들키고 싶지 않은 여린 마음을….

다른 것에 더 관심 있는 아이, 우진이.

우진이는 관계 맺기에 다소 어려움이 있어서 모둠 활동을 하지 못하고 개별 학습을 하는 아이다. 학기 초에는 이런저런 이유로 교사에게 여러 차례 지적을 받았다. 수업을 시작했는데도 자고 있거나, 수업 중간에 거울을 보며 화장하거나, 수업에 늦게 들어오기도 했다. 심지어는 수업 도중에 갑자기 뛰어나간 적도 있고, 한 달에 10번 정도 조퇴하기도 했다. 화장과 다른 학생들의 시선 외에는 어떤 것에도 관심이 없어 보였다.

우진이는 첫 번째 수행평가를 할 때 고전소설 한 쪽을 읽고 무슨 내용인지 묻고, 또 한 쪽을 읽고 물을 정도로 소설을 이해하지 못했다. 결국 소설을 다 읽지 못해 책 뒤에 있는 해설을 읽고 평가를 진행했다. 그런데도 우진이는 묻고 또 물으며 활동을 이어갔고, 결국 스토리텔링까지 완수해 크게 칭찬해줬다.

하지만 우진이는 모둠이 아니라 개별로 활동하는 것이 신경 쓰였는지 "애들이 저를 이상하다고 생각하면 어떡해요?"라고 계속 물었다. 그럴 때마다 "애들은 각자 활동하느라 바빠서 너한테 신경 쓸 겨를이 없어. 그러니까 걱정하지 마"라고 달랬다.

하고 싶어 하지만 잘 되지 않는 아이, 지훈이.

지훈이는 셋 중에서 가장 가르치기 수월한 아이다. 공부를 싫어하지는 않아 보였기 때문이다. 지훈이와는 방과 후 수업을 일대일로 했는데, 지겨워하지 않고 45분을 잘 따라왔다. 다만 어휘력이 매우 부족했고, 문학작품을 읽을 때 인물의 심리나 감정에 잘 공감하지 못했으며, 읽은 내용을 금방 잊어버렸다. 이렇게 쓰고 보니 가르치기 수월하다는 말을 취소해야 할 것 같다.

방과 후 수업에서 독해력 문제집을 함께 풀 때 제시문 속 단어를 물어보면 늘 아주 수상하게 "아, 원래 아는 건데 까먹었어요"라는 말로 얼버무린다. 얼굴에는 전혀 모른다고 씌어 있는데…. 그리고 앞에서 읽은 내용을 뒤로 가면 금세 잊었다.

단어를 많이 알지 못하니 글을 읽을 때 정보를 띄엄띄엄 받아들일 수밖에 없고, 그러다 보니 기억에 한계가 있어 보였다. 지훈이를 가르칠 때는 콩쥐가 된 기분이 들 때가 많았다. 밑 빠진 독에 물을 붓는 듯한….

황순원의 소설 〈소나기〉를 수업할 때였다. 돌아가면서 함께 읽었고, 지훈이도 교과서 본문 필기와 학습활동 채우기를 했다. 모둠과 함께 소설을 톺아보면서 심화 학습도 했다.

얼마 뒤 방과 후 수업에서 소설 내용을 요약해보라고 했다.

"음…. 개네가 돌다리에서 만났는데, 어떻게 됐지?"

지훈이는 더 이상 이야기를 잇지 못했다. 심지어 소녀가 죽는 결말도 전혀 모르고 있었다. 하지만 지훈이는 방과 후 수업에 빠진 적이 한 번도 없었고, 수업 과제도 늘 성실하게 했다. 무엇을 해보자고 하면 거부하지 않았고, 오히려 몹시 수용적이었다. 다만 시간이 다른 학생들보다 다섯 배 정도 더 걸릴 뿐이었다.

교과서 제재 수업을 1차시로 잡았다. 단원의 성취기준에 해당하고, 채점 기준에도 있기 때문이다. 교과서에서 제시하는 속담, 관용어, 격언이 무엇인지 개념을 정리해주고, 이런 표현을 얼마나 알고 있는지 퀴즈 형태로 간단히 평가했다. 학생들이 의외로 많이 알고 있어서 따로 수업할 필요는 느끼지 못했다.

그래도 참신한 속담을 활용하고 싶어 하는 학생들을 위해, 상황에 맞는 속담을 깔끔하게 정리해놓은 게시물을 찾아서 활동 패들렛에 연결해줬다. 수행평가를 하는 동안에는 개인 태블릿을 활용할 수 있도록 했다.

교과서 제재로 수업하며 다양한 표현을 가르치긴 했지만, 솔직히 교과서 제재가 마음에 들지는 않았다. 다양한 표현으로 가르쳐야 하는 속담, 격언, 참신한 표현 등을 넣으려다 보니 내용을 효과적으로 전달하기는커녕 오히려 어색하다는 느낌이 들었기 때문이다. 학생의 편지글이었는데, 전혀 요즘 학생 글 같지 않았다. 어른들도 잘 쓰지 않는 표현이 수두룩했다. 학생들이 좋은 글을 쓰려면 먼저 좋은 글을 다양하게 읽어야 한다고 생각했다. 그래서 2차시에는 교과서 밖에서 생활글 다섯 편을 골라 함께 읽었다.

생활글 다섯 편은《국어 시간에 생활글 읽기 1》에서 학생 글 두 편과 프로게이머, 의사, 시인의 글을 한 편씩 선정했다. A4 기준으로 두 쪽이 되지 않는 짧은 글들이라서 두 편 이상을 고르게 했다. 제목과 글쓴이의 직업을 간단히 알려주고, 읽고 싶은 글을 스스로 선택하게 했다. 두 편만 골라도 되지만 다섯 편을 모두 읽으면 좋겠다고 부추겼다. 별점으로 감동과 재미 지수를 평가하고, 속담, 격언, 반어, 역설, 비유, 관용어 등 인상적이거나 참신하다고 느낀 다양한 표현을 찾아 댓글로 달게 했다.

세용, 우진, 지훈이에게는 두 편을 읽으려고 노력하되, 힘들면 한 편만 읽고 활동해도 된다고 따로 이야기했다. 이전에 고전소설을 제재로 한 '한 권 읽기' 수행평가에서 세 학생은 집중력이 약하고 읽기 속도가 느려, 같은 시간에 다른 학생들의 5분의 1밖에 읽지 못한다는 것을 이미 알고 있었기 때문이다.

학생들이 글 읽기에 집중하려면 이번 시간에 자신이 무엇을 해야 하는지 제대로 이해해야 한다. 하지만 교사가 아무리 열심히 설명해도 아이들은 늘 같은 질문을 반복한다. 모두가 조용히 글을 읽어야 할 시간에 여기저기서 질문이 들려오면 집중하기 힘들다. 더 큰 문제는 질문조차 하지 않는 학생들이다. 이해가 느린 학생들은 자신이 이해하지 못했다는 사실을 드러내고 싶지 않아서 질문도 하지 않고 모르는 채로 활동을 마무리하기 때문이다.

이런 우려를 없애기 위해 수업을 준비할 때 패들렛에 학생들이 해야 하는 활동 단계를 구체적으로 제시했고, 학생들이 활동을 진행하는 내내 명시적으로 볼 수 있게 했다. 그 때문인지 생활글 다섯 편을 읽는 동안 질문하는 학생은 거의 없었다. 활동 시간에 들려오는 것은 집중을 돕는 잔잔한 음악과 학생들이 키보드를 두드리는 소리뿐이었다. 글쓰기를 어려워하거나 싫어하는 학생들도 패들렛에 댓글을 다는 활동은 크게 부담스러워하지 않았다.

두 편만 읽으면 된다고 했지만, 두 학급 49명의 학생은 평균 3.4편을 읽었다. 지훈이 두 편, 세용이 두 편, 우진이는 네 편을 읽어서 모두가 최소 기준 이상을 읽었다.

- 임요환, 〈지름길은 없다〉 / 38명
- 안도현, 〈중3 때 처음으로 쓴 시〉 / 37명
- 김범석, 〈소록도의 감〉 / 31명
- 박이정, 〈누나의 이름으로〉(학생 글) / 31명
- 김영석, 〈실수〉(학생 글) / 30명

프로게이머의 글이라고 밝혀서 그런지 임요환의 〈지름길은 없다〉를 읽은 학생이 가장 많았다. 안도현의 〈중3 때 처음으로 쓴 시〉도 많은 학생이 선택했다. 시인이라고 소개했고, 제목도 그리 매력적이지 않다고 느꼈는데 의외였다. 학생들은 다섯 편의 글에 별점 네 개 이상씩을 줬다.

읽은 후 활동인 '다양한 표현 찾기'는 댓글로 달도록 했다. 다른 학생들이 찾은 답을 보게 하려는 의도였다. 가장 느린 학습자인 지훈이는 댓글을 한 개도 달지 않았다. 두 편의 글을 읽느라 댓글을 달 시간이 없어서 별점만 매겼다고 했다. 세용이와 우진이는 다음과 같이 댓글을 달았다.

세용이의 댓글

〈지름길은 없다〉: "누가 가장 끈기 있게 연습하느냐가 성공의 열쇠인 것이다."

ㄴ비유적 표현을 찾음.

우진이의 댓글

〈소록도의 감〉: "나는 감나무에 열린 남의 감을 보며 내가 가지고 싶어 안달이 나 있는데, 우리 환자들은 남에게 주고 싶어서 안달이 나 있었다."

└ 관용 표현을 찾음.

우진이의 또 다른 댓글

〈실수〉: 아버지가 사실을 이미 알고 계셨던 부분이 인상적이었다. 왜냐하면 아버지는 사실을 아시면서도 글쓴이가 스스로 실수를 말하기를 기다리셨다는 말 같았기 때문이다.

└ 인상적인 내용을 적음.

[3차시] 글감을 찾아서
글감을 구체화하는 세 단계

3차시는 글감을 떠올리고 구체화하는 세 단계 과정을 거쳐 수행평가 학습지에 그 내용을 옮겨 적는 활동이다. 이때 가장 중요한 점은 진솔한 글을 쓸 수 있도록 '비밀 보장'을 약속하는 것이다. 이번 수행평가 때 읽은 글은 아무에게도 이야기하지 않겠다고 틈이 날 때마다 강조했다. 글을 쓰기 직전에 한 번 더 약속하고, 학습지가 꽤 안전한 공간임을 거듭 강조했다. 따라서 패들렛에 댓글을 달 때는 익명을 원칙으로 했다.

글쓰기 과정에서 학생들이 가장 힘들어하는 단계는 글감

[1단계] 글감을 정해요.

글감을 떠올리세요.

여러분은 오른쪽에 있는 네 가지 범주 가운데
어느 것에 해당하는 글을 쓰고 싶나요?
쓰고 싶은 범주에 체크해보세요.
없다면 '기타'에 직접 써주세요.

- ☐ 요즘 여러분의 관심사
- ☐ 행복했던 순간
- ☐ 기억에 남는 사람
- ☐ 깨달음을 얻은 사건
- ☐ 기타 (   )

[2단계] 떠올린 글감이 무엇인지 구체적으로 작성해요.

글감을 구체적으로 작성하세요. 자신감을 가져요.

예시

- 유치원 때 친하게 지냈지만 이사를 가면서 헤어진 친구
- 학교 앞에서 샀던 병아리와의 추억
- 내 삶의 활력소가 되어주는 덕질
- 다른 사람들이 뭐라고 할지라도 꿋꿋하게 밀고 나아갈 나의 꿈
- 나중에서야 깨달은 나의 잘못

나의 글감:

[3단계] 글의 주제와 글 쓰는 목적을 정해요.

여러분 글의 주제와 글 쓰는 목적을 써주세요.
(수행평가 때문이라고 쓰지 말고요!)

내 글의 주제와 글 쓰는 목적: ────────────────────

────────────────────────────────

────────────────────────────────

────────────────────────────────

────────────────────────────────

────────────────────────────────

고르기다. 한 시간 내내 생각해도 "뭘 써야 할지 모르겠어요"라고 말하는 학생이 많다. 쓰기 과정에서 글감을 스스로 찾는 건 중요하다. 하지만 글감을 정하지 못해 글을 완성하지 못하는 사태는 막아야 한다. 모든 학생이 한 편의 글을 완성할 수 있도록 돕는 첫 단계가 바로 글감 찾기다.

나는 패들렛에 글감 찾기를 세 단계로 제시했다. 2단계와 3단계에서는 댓글을 달게 해서 학급 친구들이 글감 찾기를 어떻게 구체화했는지 서로 볼 수 있게 했다. 아이디어가 떠오르지 않는 학생들은 다른 친구들의 글감을 보고 떠오르는 경험이 있다면 그것으로 해도 된다고 안내했다. 글감이 같아도 경험이 다르면 완전히 다른 글이 되기에 서로 글감을 공유해도 괜찮다고 다독였다. 혹시 아이디어를 빼앗겼다고 생각하지 않을까 염려했는데, 의외로 예민하게 받아들이지 않았다.

교사가 제시한 예시가 여러 개였기 때문에 학생들은 단계별 형식에 맞게 2단계와 3단계 댓글을 잘 적었다. 수행 과정을 '단계'로 제시한 이유는, 여기까지만 해도 총 6단계 글쓰기 중 3단계까지 수행한 것이라는 느낌을 주고 싶었기 때문이다. 글감을 구체화하는 단계를 거치지 않고 머릿속 구상에만 맡기면 어떤 일이 벌어질까? 학생들은 종이를 받고 바로 글쓰기를 시작해야 하지만, 머릿속에서 주제와 목적에 따라 글감을 구체화하는 일은 쉽지 않다. 그 결과 한 시간 내내 아무것도 쓰지 못하는 학생들이 생긴다. 그리고 아이들은 궁금해한다.

'난 한 글자도 못 쓰겠는데, 쓰기 시작한 애들은 도대체 무슨 내용을 적는 걸까?'

학생들이 쓴 댓글을 보면 독창적인 글감도 있었지만, 교사가 예시로 제시한 것과 비슷한 글감이나 친구가 쓴 것을 보고 비슷하게 떠올린 글감도 있었다. 다 괜찮다고 했기에 따로 지적하지는 않았다.

그러면 세 학생은 이 활동에 어떻게 참여했을까?

2단계 학생 댓글 (떠올린 글감)	3단계 학생 댓글 (주제와 목적으로 구체화한 글감)
중학교 1학년 때 교회에서 처음으로 수련회 갔던 일	교회에서 처음 수련회에 갔던 일을 주제로 글을 쓰며, 가장 기억에 남고 행복했던 시간을 다시 떠올리고 싶어.
돌아가신 할머니	할머니에게 살아생전 "고마워요" "사랑해요" 한마디 안 했는데 너무 후회된다. 계실 때 잘하라는 말을 한 귀로 듣고 한 귀로 흘렸는데, 나 자신이 너무 원망스럽다. 다른 친구들이 나처럼 되지 않길 바라며 이 글을 쓴다.
친구와 함께 처음 PC방에 가서 게임한 것	친구와 함께 PC방에 처음 갔을 때의 첫인상과 즐거웠던 점을 쓰고 싶다.
반려동물에 대한 추억	조금씩 희미해져가는 반려동물과의 소중했던 추억을 다시 되새기고 싶어.
진로에 대해	중학교 2학년에 올라오면서 내신과 성적에 관심이 생기고, 아직은 없지만 직업 또는 꿈에 대해 쓰면서 진로를 정하고 싶어.
나의 잘못 때문에 여자 친구와 헤어진 일	그때는 형식적인 미안함이었지만, 지금 와서 보니 진심으로 미안하다는 생각이 들어. 전 여자 친구와의 추억을 회상하며 다시 한번 사과하고 싶어.
부모님께 죄송했던 경험	부모님의 쓴소리를 사랑인 줄도 모르고 마냥 부정적으로만 받아들였던 나날들, 부모님의 속을 상하게 했던 나날을 반성하고 싶어.

- 우진의 댓글: 길거리에서 이성에게 번호를 따인 일.
- 지훈의 댓글: 초등학교 때 처음으로 입학식을 했던 일을 쓸 거야.
- 세용의 댓글: 그리운 그 시절. 모든 게 행복했던 그 시절의 추억을 되살리고 싶어.

우진이는 글감 댓글을 달기 전에 나를 불렀다.

"선생님, 제가 길거리에서 어떤 남자한테 번호를 따인 일이 있는데 그거 써도 돼요?"

"응, 괜찮지."

"근데 애들이 이상하게 생각하면 어떡해요?"

"네가 쓴 글은 선생님만 볼 거라서 애들이 이상하게 생각할 수가 없어. 글감 댓글 다는 게 불안하면 댓글 달지 말고 그냥 학습지에만 써도 괜찮아."

이런 대화를 나눈 후 우진이는 댓글을 달고 글을 쓰기 시작했다.

지훈이는 한참을 고민하더니 '초등학교 때 처음으로 졸업식을 했던 일을 쓸 거야'라는 다른 학생의 글을 참고한 듯 '졸업식'만 '입학식'으로 바꿔 글감을 정했다.

세용이도 상당히 오래 고민하다가 2단계에는 '그리운 그 시절'이라는 댓글을, 3단계에는 '모든 게 행복했던 그 시절의 추억을 되살리고 싶어'라는 댓글을 작성했다.

이렇게 해서 한 명도 빠짐없이 3단계까지 완수했다. 이후 학습지를 받아 패들렛에 쓴 내용을 그대로 옮겨 적도록 했다.

[4~6차시] 일단 써! 고쳐 쓰면 되니까!
위대한 글쓰기가 아니라, 위대한 고쳐쓰기다

4단계(4차시)는 학생들이 선택한 글감을 바탕으로 학습지(3쪽)에 글을 실제로 쓰는 활동이다. 이것은 초안이고 이를 바탕으로 교사의 피드백과 자기 점검을 통해 최종 글을 마무리할 것이니, 열심히 하되 편하게 쓰라고 안내했다. 아이들이 가장 많이 한 질문은 "3쪽은 채점 안 해요?"였다.

최종 글쓰기는 5쪽이니까 5쪽을 주로 채점하지만, 과정 평가라는 점에서 2쪽, 3쪽, 4쪽도 모두 채점 대상이에요. 2~4쪽을 바탕으로 5쪽을 채점하는 거죠. 여러분도 최종 글쓰기 시간에 3쪽 글에 대한 피드백을 바탕으로 고쳐쓰기를 할 테니, 3쪽에도 최종 글만큼 정성을 들이면 좋겠네요.

교사들 가운데는 글쓰기 수행평가에서 교사의 중간 피드백이 점수에 영향을 미친다는 이유로, 변별을 위해 그 피드백을 의도적으로 건너뛰는 경우가 있다. 하지만 수행평가는 교과 수업 시간에 학습자의 수행 과정과 결과를 직접 관찰하고, 그 관찰 결과를 전문적으로 판단하는 평가 방법이다. 따라서 학생들의 수행 과정을 관찰해 피드백을 해주고, 피드백을 통한 수행 결과를 평가해야 한다. 현실은 씁쓸하게도 성취기준을 달성하지 못한 학생의 점수를 깎는 방식으로만 변별을 확보하려 한다. 게다가 채점 기준은 '감점'을 하는 것이 아니라 수행 수준에 따라 점수를 받게 되어 있는 구조다.

중간 피드백이 없으면 글쓰기에 자신 있는 학생이든 그렇지 않은 학생이든 모두 글 쓰는 과정에서 불안하기 마련이다. 자전거를 처음 배울 때, 누군가 뒤에서 안장을 잡아주고 있다고 믿어야 안심되는 것과 같다. 뒤에서 잡고 있던 손을 놓았다는 걸 깨닫는 순간, 자전거는 비틀거리다 넘어진다. 학생들에게도 그런 '안심'을 제공해야 한다. 중간 피드백이 그런 것이다. 잘못 써도 중간에 바로잡을 기회가 있다는 믿음. 학생들은 이것이 있어야 글쓰기에 편하게 뛰어들 수 있다.

초안을 작성한 후 5차시에 피드백을 제공하고 고쳐쓰기를 했다. 학습지(4쪽)에 자기 점검표를 제공해 글 수준, 문단 수준, 문장 수준, 낱말 수준으로 자신의 글을 점검하게 했다. 또 다양한 표현을 다섯 개 이상 사용해야 하는 수행평가 조건을 확인할 수 있는 점검표도 제공했다. 5차시에 학생들이 피드백 받은 내용을 정리하면 다음과 같다.

- 글의 제목이 없거나 적절하지 않음.

- 문단을 나누지 않아 한 문단의 길이가 긺.

- 한 문단에 중심 생각이 너무 많음.

- 문장의 호응이 어색함.

- 활용한 표현이 문맥과 어울리지 않음.

- 글의 흐름이 자연스럽지 않음.

- 생략이 많아 내용을 파악하거나 생각을 읽어내기 힘듦.

느린 학생들은 오히려 많은 피드백을 받지 않았다. 한 시간 동안 글을 절반도 완성하지 못했기 때문이다. 세 명 모두 10줄을 채우지 못했다.

세용이의 초안

제목: 그리운 그 시절

엄마가 아침밥 하는 소리에 잠에서 일어나 따뜻한 햇살을 받으면서 밥을 먹는다. 밥을 다 먹으면 옷을 입고 집에서 나온다. 나오는 순간 새들이 떠드는 소리, 매미들이 우는 소리가 들린다. 시끄럽긴 하지만 그래도 신이 난다. 실내화를 발로 툭툭 차면서 신호등을 건너려는데 친구와 만났다. 마치 세상을 다 가진 것처럼 신이 났다. 이야기를 하다 보니 벌써 학교에 도착했다. 오늘은 오카리나를 배우는 날이다. 처음 다루는 악기여서 빨리 배우고 싶다는 마음이 들었다.

└, **피드백**

세용아! 글 시작이나 등굣길 풍경이 감성적이어서 좋다. 제목도 좋고! 여기까지 쓰느라 고생했다. 세용이가 그리워하는 그 시절이 몇 살 때였는지 궁금하다. 볼펜으로 끝까지 써보자!

세용이는 6차시의 최종 글쓰기 단계에서 한 쪽을 가득 채워 제출했다. 문단도 세 문단으로 나눴고, 볼펜으로 썼다. 물론 맞춤법은 여러 군데 틀렸고, 형광펜으로 자신이 활용한 다양한 표현을 표시하지도 않았다. 그렇지만 완결된 글을 썼고, 특히 마지막 문단에서 글쓰기에 관한 생각을 밝힌 것이 인상적이었다.

[4단계] 이제 글을 써봐요!

> 여러분이 선택한 글감을 개성적인 발상과 다양한 표현(속담, 격언, 관용 표현, 비유, 참신한 표현)을 활용해 독자에게 감동이나 즐거움을 주는 글로 써봐요.

표6　5~6단계 학습지(4쪽)

[5단계, 6단계] 자기 점검표를 작성하고, 여러분이 쓴 글을 고쳐보세요.

수준	점검 내용	점검 결과 (O/X)
글	글의 주제가 잘 드러나는가?	
	글의 제목이 적절한가?	
	글의 흐름이 자연스러운가?	
	보충하거나 삭제할 내용이 있는가?	
문단	문단과 문단, 문장과 문장의 연결이 자연스러운가?	
	문단의 중심 생각이 잘 드러나는가?	
	문단의 길이가 적절한가?	
문장	문장의 길이가 적절한가?	
	문장에 쓰인 낱말들 사이의 호응이 자연스러운가?	
	어법에 맞게 표현했는가?	
낱말	문맥에 적절한 낱말을 사용했는가?	
	맞춤법에 맞는가?	
다양한 표현	속담, 격언, 관용 표현, 반어, 역설, 풍자, 비유 등을 사용했는가?	
	참신하고 개성적인 표현을 사용했는가?	

· 글을 고칠 때는 글 쓴 색과 다른 색으로 표시하세요.
　3쪽은 고쳐쓰기 과정이 드러나야 하니, 지저분해도 괜찮아요!

세용이의 최종 글 마지막 문단

이렇게 모든 게 행복했던 시절이 있었다. 지금은 학업 스트레스, 인간관계 스트레스 등 너무 많은 게 힘들다. 행복했던 그 시절로 돌아갈 수 없다는 걸 나도 안다. 하지만 이런 감정을 글로 표현해보고 싶었다. 하루하루 열심히 살다 보면 언젠간 나에게도 행복한 시절이 올 거라고 믿는다.

세용이가 완성본을 제출했다는 사실만으로도 놀랍고 감격스러웠는데, 사춘기 소년의 혼란스러운 마음이 진솔하게 배어 있어서 더욱 마음에 들었다. 이후 세용이의 담임선생님께 들었는데, 세용이 어머니께서 "아이가 국어 선생님을 가장 좋아해요"라고 말씀하셨다고 한다. 글을 매개로 교사와 학생이 마음을 주고받았기 때문이 아닐까, 나름대로 해석해봤다.

[7차시] 일대일 피드백과 소감 나누기

혼자지만 친밀감이 뿜뿜, 그래도 좋은…

점수를 공개하는 날, 복도에 책상 하나와 의자 두 개를 준비했다. 6차시에 쓴 최종 글에도 피드백을 제공했는데, 일단 제출했던 학습지를 다시 나눠주고 피드백을 읽어보라고 했다. 그런 다음 번호대로 복도로 나오라고 했다.

학생들에게 교사의 최종 피드백에 대한 의견과 활동 소감을 듣고, 평가 기준을 고려할 때 자신이 몇 점이라고 생각하는지 물었다. 학생이 생각한 점수와 내가 준 점수는 대부분 일치했다. 고등학생들은 만점을 받은 학생도 자신이 왜 만점인지 물어보는 경우가 많았는데, 중학생들은 달랐다. 자신이 예상한 점수를 받은 학생들은 점수가 18점이든 16점이든 만족하며 일어났다. 일치하지 않는 학생들은 점수가 왜 '깎였는지' 물어보곤 했다. 나는 "깎인 게 아니라 네가 쓴 내용과 표현이 이러이러해서 채점 기준에 따라 이 점수를 받은 거야"라고 설명했다. 그러면 또 그런대로 이해하고 들어갔다.

이전 수행평가인 '고전소설 스토리텔링'의 경우에는 활동이 끝난 후 만점을 받은 학생의 학습지를 A3 크기로 복사하거나 최종 글을 플로터로 인쇄해 만점을 준 이유를 덧붙여 게시했다. 또 전체 활동 피드백을 한 차시 기획해서 학생들이 쓴 글을 되도록 많이 보여줬다.

하지만 '생활글 쓰기' 활동은 비밀로 하기로 약속했기에 학생들의 글을 공유할 수 없었다. 다만 어떤 내용이 있었는지 이미 공유된 글감이지만 다시 한번 간단히 이야기해줬다. 그리고 누구에게나 어렵고 힘든 글쓰기를 끝까지 마무리한 것을 칭찬하며, 스스로 토닥토닥해주거나 손뼉 치며 칭찬하라고 했다. 마지막으로 진솔한 내용을 말해준 학생들에게 고마움을 전하며 활동을 마무리했다.

이야기하기 힘들고 어려운 내용을 솔직하게 써준 친구들이 있어서, 교사인 나를 믿어줬다는 생각이 들어서 고마웠어요. 여러분과 더 친해진 것 같은 느낌도 들었어요. 그래서 글을 읽으면서 행복했어요.

이번에 가르친 2학년 두 학급 가운데 A반은 여러모로 교사들이 힘들어한 반이었다. 반응이 거의 없고, 아이들의 감정 기복이 심하며, 여러 가지 문제로 어려움을 겪는 학생이 많았다. 세용, 우진, 지훈이도 모두 A반이다. '고전소설 스토리텔링'도 B반 성적이 훨씬 좋았고, '생활글 쓰기' 수행평가 역시 점수는 B반이 조금 더 높았다. 하지만 글감이 다양하고 글의 내용이 흥미로우며 감동을 줘 읽는 즐거움이 있는 것은 A반이었다.

여전히 A반 수업은 어렵다. 세 학생도 여전히 느리다. 하지만 '생활글 쓰기' 후 아이들과의 내적 친밀감은 확실히 높아졌다. 물론 함께한 시간이 쌓였기 때문일 수도 있지만, 아이들의 마음을 조금이나마 들여다봤기 때문이 아닐까 짐작해 본다.

쓰겠다는 결심, 쓰게 하겠다는 결심
학생들이 '포기'를 배우지 않게 하려면

학생들이 '쓰겠다는 결심'을 하게 하려면 교사가 먼저 '쓰게 하겠다는 결심'을 굳게 세워야 한다. 사실 잘하는 학생들은 교사가 손잡아주지 않아도 잘한다. 교사가 곁에 있기만 해도 된다. 하지만 느린 학습자들은 교사가 손을 잡아 일으켜 세우고 함께 걸어야 한다. 그럴 결심이 서야 한다.

쓰기 수업에서만 그런 건 아니다. 수업에 참여하는 학생을 단 한 명도 포기하지 않겠다고 늘 마음을 다잡는다. 모든 학생이 수업을 완벽하게 따라오지 못할 수도 있다. 활동을 멋지게 마무리하지 못할 수도 있다. 하기 싫어하고, 자고 싶어 하고, 매시간 보건실에 가고 싶어 하는 아이도 있다. 그렇더라도 한 번 더 제안하고, 조금 더 칭찬하고, 가끔은 윽박도 지르면서 "너희 모두 내 시선 안에 있다. 내 마음속에 있다"라는 메시지를 끊임없이 주려고 한다. 그러다 보니 "국어 선생님이 무서워서 어쩔 수 없이 한다"라고 툴툴대는 학생도 더러 있다.

사실 몇몇 학생은 손을 놓고 싶었던 때도 있었다. 담임교사로서 공부 좀 시켜보겠다고 매일 붙들고 알파벳을 가르쳤지만, 몇 달이 지나도록 b와 d, p와 q를 구분하지 못했던 중학교 3학년 은수, 학교에서 새는 바가지가 밖에서도 샌다고 학교 폭력도 모자라 편의점을 몽땅 털고 도서관에 불을 지르는 등 온갖 비행을 일삼았던 중학교 2학년 정인, 3학년이 되었으니 새 인생을 살겠다고 다짐해놓고는 수업 시간에 수학 교사에게 농구공을 집어던진 우리 학교 최고의 반항아 승현. 그럴 때마다 나를 붙잡아준 말씀이 있다. 대학 때 교육과정 수업에서 교수님께 들었던 말씀이다.

학생들은 교사가 의도한 수업 내용뿐 아니라 의도하지 않은 것까지 배운다. 학생들에게 포기하지 않는 태도, 끈기의 가치를 가르치고자 한다면, 교사가 먼저 학생을 포기하지 않는 모습을 보여줘야 한다. 성적이 낮거나, 상대하고 싶지 않은 인성의 소유자라거나, 이런저런 핑계로 교사가 학생을 포기하는 순간 그 학생은 교사에게서 '포기'를 배운다. 학생을 맡고 있는 동안만이라도 어떤 학생도 포기해서는 안 된다. 그게 교사가 지녀야 하는 가장 기본적인 교육과정이다.

다짐은 쉽지만 실천은 어렵다. 그래서 포기는 빠르고, 늘 합당한 이유를 앞세운다. 교육과정, 빠듯한 수업 시수, 진도, 관리자의 몰이해, 학부모의 민원…. 하지만 그게 진짜 이유일까? 아이들을 변화시키는 건 교사의 말이 아니라 행동이다. 선생님이 자꾸 말을 거니까, 자꾸 뭘 쓰라고 주니까, 자꾸 쳐다보니까, 별일도 아닌데 자꾸 칭찬해주니까….

'국어 선생님이 나한테 이걸 얼마나 가르치고 싶으면 저렇게까지 하실까?'

교사의 간절함이 전해지면 아이들은 쓰겠다고 결심한다. 그런 세용, 우진, 지훈 들을 보면서 다시 주먹을 불끈 쥔다.

칼럼 쓰기

칼럼 쓰기

이웃의 삶에
다가가는 글쓰기

감정을 의식으로
이끄는 힘

김수연

8년 전, 시민들은 광장에서 촛불을 들고 국정 농단을 규탄하며 '행복'과 '공정'을 외쳤다. 특히 고위층의 입시 비리를 경험하며 공정은 강력한 사회적 가치로 자리 잡았다. 그리고 그해, 장애 아동의 부모가 특수학교 설립을 반대하는 주민들에게 무릎을 꿇는 일이 있었다. 이에 대해 한 신문 칼럼은 이렇게 평했다.

'큰 불의'를 못 참는 사람들이 생활 주변에서 일어나는 '작은 불의'에 대해선 침묵, 동조하거나 '조그만 불이익'조차도 못 참는 경향이 많다는 게 문제로 지적된다. (…) 특히 아무리 공동체적 가치를 담은 사안이라도 자신과 가족의 이익에 부정적이라고 판단되면 무조건 반대하는 경우도 흔하다. (《세계일보》, 2017. 10. 22.)

	단계	차시	수업 내용
전	준비	1~2차시	교과서 작품 읽기
중	1단계	3~4차시	작품 속 인물이 되어 일기 쓰기
	2단계	5차시	자기 경험을 떠올려 일기 쓰기
	3단계	6~7차시	이웃의 삶을 조사하고 상상해 일기 쓰기
	4단계	8차시	일기를 칼럼으로 바꿔 쓰기
		9차시	부족한 내용 보충하기
후	정리	10차시	점검표를 활용해 고쳐쓰기

공정은 때로 '차등적 보상'의 유의어처럼 통용되면서 기득권층이 사회적 배려 정책이나 제도를 반대하는 근거로 쓰이고 있다. 이런 사회 분위기는 고스란히 아이들의 가치관에도 영향을 미친다.

그럼에도 나는 학생들이 자신만의 '도덕적 이상'을 품고 살아간다고 믿는다. 그래서 학생 안의 시민 의식을 일깨우는 활동이 필요하다. 주변의 억압적이고 불공평한 상황을 비판하는 글쓰기 과정에서, 학생은 타인의 불행을 인식하고 시민으로서의 정체성을 만들어갈 수 있다고 생각했다. '타인의 고통' 앞에서 연민과 책임감을 느끼고, 이에 연대하기 위해 무엇을 할 수 있을지 고민하는 글쓰기 안에서 학생은 타인을 위해 자신의 에너지를 기꺼이 할애하는 사람임을 스스로 증명할 수 있다.

왜 쓰기인가? 왜 칼럼인가?
글쓰기를 통한 자기 충족적 예언

학생들이 이웃의 삶을 지지하고, 이를 위해 우리 사회가 무언가를 해야 한다는 생각을 글로 쓰기를 원했다. 왜 쓰기여야 하는가? 쓰기가 가진 진실성과 자기 고백을 믿기 때문이다. 휘발되는 말과 달리 활자로 실현되는 문장은 기록하는 순간 필자가 곧 독자가 된다. 그래서 그 내용의 진실성에 대한 자기 검열은 말하기보다 더 깐깐하다고 생각한다. 자기 생각을 쓰는건 "나는 이러한 생각을 하는 사람이다!"라고 세상에 선언하는 것과 같다.

마음속에 있는 자신에 대한 인식이나 정체성에 대한 다짐은 아직 실현되지 않은 생각에 불과하다. 하지만 그 생각을 글로 쓰는 순간부터 '나'는 그 문장의 주인이 된다. 그래서 글쓰기는 삶을 올바른 방향으로 이끄는 도구가 될 수 있다. 장애인의 삶을 지지하는 글을 쓰고 그걸 공동체에 공유한 학생은 최소한 그 후에는 친구들 앞에서 장애인을 비하하는 발언을 하지 않을 테니까.

아이들이 이웃의 고통이 당연하지 않다는 생각을 담아 발표하게 할 글의 형식은 칼럼으로 정했다. 칼럼에는 이웃의 삶에 대한 자기 생각이나 견해가 반드시 담겨야 하지만, 논설문처럼 논증 요소를 정교하게 갖춰야 하는 건 아니라서 문체가 조금 더 부드럽다. 이웃의 삶을 지지하자는 주장이 강하면 강할수록 교조적이라는 느낌을 줄 수 있다. 그래서 무언가를 주장해 설득하기보다, 이웃의 삶을 보여줌으로써 자연스럽게 공감하도록 이끄는 게 좋다. 그런 점에서 학생들이 수필처럼 이웃의 삶을 묘사하면서도 그 안에 자기 견해를 담을 수 있는 칼럼이 적절하다.

또 칼럼은 특정 대상을 알리고 자신의 견해를 싣는다는 목적이 분명하다. 그래서 학생이 칼럼 내용을 마련하려면, 우선 이웃의 삶을 자세히 알아야 한다. 이처럼 자료를 조사하는 과정에서 배움이 일어날 수 있다. 더 나아가 대상을 잘 모르는 독자들에게 이웃의 삶을 묘사해야 하므로 자연스럽게 이웃에게 관심을 가지고 유대감을 형성할 수도 있다.

진실한 마음으로 칼럼을 쓰게 하려면, 먼저 이웃의 고통에 진정으로 공감하게 만들어야 한다. '공감'이란 다른 사람의 감정이나 의견에 대해 자기도 그렇다고 느끼는 마음이다. 그래서 "나도 저런 적이 있는데…"라는 공통된 경험의 환기로 공감을 이끌 수 있다. 하지만 각자의 삶의 조건이 너무나도 다른데, 남과 대화도 해보지 않고 어떻게 비슷한 점을 찾을 수 있을까?

우리가 공통으로 가진 건 '감정'이라는 데 생각이 미쳤다. 서로 처한 상황은 달라도 비슷한 감정을 느낀 적이 있다면 유대감을 가질 수 있지 않을까. 그래서 칼럼을 쓰기 전에 자기 경험과 그로 인한 감정을 차근차근 풀어내는 일기를 쓰게 했다. 특히 자신과 전혀 다른 환경이나 상황에 놓인 사람도 자신과 비슷한 감정을 느낄 수 있음을 깨닫게 해, 감정을 매개로 공감대를 형성하게 하고 싶었다.

'문학' 과목을 가르치는 학기였기에, 아이들이 관심 가지기를 바라는 문제 상황이 드러난 문학작품을 찾아야 했다. 우선 아이들에게 보여주고 싶은 이웃의 삶이 구체적으로 어떤 구조인지 생각해봤다. 약자라는 이유로 여러 집단의 이익이 충돌하는 지점에서 손해를 감수해야 하는 사람들, 그러면서도 그것을 손해로 여기지 않는 사회적 가치 체계 때문에 외면당하는 상황을 문제로 느끼게 하고 싶었다. 그러려면 이익의 충돌로 인해 평범한 사람들의 삶이 고통받는 구조가 드러난 작품이 필요했다.

마침 교과서에 이강백의 희곡 〈파수꾼〉이 수록되어 있었다. 이 작품은 1970년대 정치 현실을 은유적으로 겨냥하고 있지만, 촌장이라는 권력의 소용돌이에 휩쓸려 우물에 빠져 죽은 아이나 겁탈당하는 처녀처럼 평범한 사람들의 고통이 내재되어 있다. 그래서 〈파수꾼〉을 활용해 평범한 마을 사람들의 감정에 공감하는 일기를 쓰게 함으로써 이웃의 삶에 공감하는 단계로 유도해야겠다고 설계했다.

대부분 학생은 글쓰기를 부담스러워한다. 더구나 '칼럼'이라고 하니 덜컥 겁부터 냈다. 아이들이 칼럼을 부담스러워하는 이유는 단순하다. 첫째, 낯설다. 둘째, 그래서 잘 모른다. 아이들은 칼럼을 '나는 잘 모르지만 지성인들 사이에선 유명한 교수나 언론인 정도가 권위를 가지고 시사에 대한 자기 생각을 밝히는 글' 정도로 인식하고 있었다.

칼럼이 권위를 가진다면, 그 원천은 특정한 분야에 관해 충분한 정보를 바탕으로 깊이 사고해 도출한 타당한 결론에 있을 것이다. 그래서 아이들에게 '특정 분야에 관해 충실하게 조사한' '여러 방면으로 생각해본' '건강한 생각을 가진 다수의 동의를 얻을 수 있는' 글을 포함하면 된다고 이야기했다. 또 여러 칼럼을 모아 수시로 읽히고 "너희도 이런 글을 쓸 수 있다"라고 친절하게 안내했다. 아이들이 낯설어하는 과제를 제시할 때는 알아서 쓰라고 내팽개치지 않으리라는 믿음, 교사의 설계를 따라가기만 하면 과제를 수행할 수 있으리라는 안도감을 심어줘야 한다. 그렇지 않으면 교사의 수업 설계는 저항에 부딪히게 된다.

내비게이션은 제조사마다 단말기 모양은 달라도 기본 구성요소는 비슷하다. 수행평가 안내를 내비게이션에 비유해보자. 우선 최종 목적지가 있어야 한다. 이 활동에서 최종 목적지는 '칼럼'이다. 거기에 도달하기 위해 학생들이 반드시 거쳐야 할 세부 단계, 활동 시기, 활동 방법 등을 자세히 안내해야 한다. 또 경로를 이탈하지 않았는지, 가려고 했던 목적지로 제대로 가고 있는지 확인하기 위해 평가 기준도 알려줘야 한다. 더불어 교육과정 성취기준도 밝혀야 한다. 목적지에 도착하는 것 자체가 목표일 수는 없기 때문이다. 거기에 도달함으로써 무엇을 성취할 수 있는지를 밝혀야 학생들의 마음을 움직일 수 있다. 그래서 미리 '칼럼 쓰기' 활동의 상세한 흐름을 담은 안내문을 제공하고, 학생들이 최종적으로 써야 할 글을 예시로 작성해 보여줬다.

표2 '이웃의 삶으로 칼럼 쓰기' 안내문

단계	활동 단계	차시	활동 내용
1	칼럼 많이 읽기	상시	교사의 추천 칼럼을 읽으며 칼며들기 (링크 또는 QR 코드)
2	〈파수꾼〉 읽기	1~2차시	질문지의 답을 찾으며 작품 읽기 (학습지, 교과서)
3	작품 속 인물이 되어 일기 쓰기 (1)	3~4차시	작품 속 인물이 되었다고 상상하며 인물이 처한 상황과 감정이 드러나도록 일기 쓰기
4	나의 경험을 떠올려 일기 쓰기 (2)	5차시	작품 속 인물의 감정과 유사한 감정을 느낀 경험을 떠올려 일기 쓰기
5	이웃의 삶을 조사하고, 이웃의 관점에서 일기 쓰기(3)	6~7차시	우리 사회에서 어려움을 겪는 이웃의 삶을 다룬 기사를 조사하고, 조사한 내용을 바탕으로 그 이웃이 되었다고 상상하며 인물이 처한 상황과 감정이 드러나도록 일기 쓰기
6	일기를 모아 칼럼으로 바꿔 쓰기	8~9차시	앞서 쓴 세 편의 일기를 칼럼으로 바꿔 쓰고, 부족한 내용을 보충하며 한 편의 글로 엮어보기
7	글 고쳐쓰기, 완성하기	10차시	점검표에 따라 글을 점검하면서 고쳐 쓰기

[1~2차시] 질문에 답하며 작품 읽기
사실적 읽기와 감상적 읽기

1차시에는 수행평가를 간단히 안내하면서 〈파수꾼〉을 읽는 목적을 설명했다. 글쓰기를 통해 이웃의 불행에 공감하고, 그들의 처지를 지지하는 칼럼을 쓸 것이라고 했다. 간단한 작품 줄거리 영상을 보여준 후, 교과서에 실리지 않은 대목을 학습지로 만들어 나눠줬다. 그리고 질문지를 주고 답을 찾으며 스스로 두 번 읽게 했다.

질문지는 두 가지였다. 첫 번째 질문지에는 사실적 읽기(누가, 무엇을, 왜 했는가?) 중심의 질문을, 두 번째 질문지에는 추론적·감상적 읽기(무엇을 느꼈을까? 어떤 기분이었을까? 나라면 어땠을까? 나도 그런 적이 있는가? 등) 중심의 질문을 담았다.

첫 번째 질문지에 답을 작성한 학생들은 교사에게 제출하고, 교탁 위에 놓인 두 번째 질문지를 가져간다. 두 번째 질문지까지 끝내면 칠판에 이름을 적는다. 칠판에 이름을 적은 친구들끼리 두 질문지를 서로 바꿔 채점하게 했는데, 첫 번째 질문지에는 예시 답안을 줬다. 짝을 이룬 학생들이 예시 답안을 사이에 두고 머리를 맞대어 채점하다가 "제가 쓴 것도 답이 돼요?"라고 물었다.

진술이 완전히 일치하지 않더라도 의미만 맞으면 돼요. 질문들의
핵심은 마을 사람들이 이리 떼 때문에 어떤 고통을 받고
있는지를 찾아보라는 거니까, 그것만 담고 있으면 진술이 똑같지
않아도 돼요.

두 번째 질문지는 채점보다는 다른 친구의 생각을 읽게 하
는 게 목적이었고, 원한다면 그에 대한 자기 생각을 달아도 좋
다고 했다. 여기까지 하면 15분 정도가 남는다. 이 시간에는
작품에 대해 이해한 것을 교사가 정리하면서 마무리했다.

[3~4차시] 상상을 끌어내며 일기 쓰기
작품 속 인물이 되어 쓰기

3차시에는 등장인물을 나열한 뒤, 그가 처한 상황을 고려해
각 인물이 어떤 감정을 느꼈을지 생각해보게 했다.

〈파수꾼〉에는 대중을 기만하는 권력자와 이를 알아차린 지
식인 사이에서 '진실을 밝힐 것인가'에 대한 갈등이 전면에 나
타난다. 또 권력자의 악행을 강조하기 위해 인물들의 대사를
통해 '우물에 빠져 죽은 아이' '집이 불탄 사나이' '지붕에서 떨

어져 다리가 부러진 노인' '운반인에게 겁탈당한 여인' 같은 설정이 등장한다.

만약 이런 상황이 현실에서 일어난다면 학생들은 갈등의 당사자보다는 주변에서 피해를 보는 다수, 즉 대중이 될 가능성이 더 높다. 현실에서 우리가 돌이켜봐야 할 이웃 또한 거대 권력과 직접 맞서는 인물이 아니라, 제도 부재나 정책 미비로 피해를 받으면서도 숨죽여 살아가는 사람들이기 쉽다. 그래서 작품 전면에 등장하지 않았더라도 대사 속에 언급된 인물이라면 모두 관계 분석의 대상으로 삼게 했다.

내가 세어보니까 등장인물이 일곱 명이던데, 일곱 명을 못 찾은 사람은 더 살펴보세요. 혹시 나보다 더 많이 찾았다면 말해줄래요? 그럼 그것도 추가할게요.

그렇게 빈 종이에 작품에 등장하거나 언급된 인물을 다 적게 했다. 칠판에는 인물 간의 관계를 암시하는 단어(기만, 권력자, 무비판, 하수인, 폭로, 억압, 미래 등)를 적어줬다. 속도가 느린 학생들이 마땅한 낱말을 떠올리지 못해 관계를 분석하지 못하는 일을 방지하기 위해서였다. 그리고 인물 간의 관계를 그와 같이 분석할 수 있는 근거를 작품에서 찾아 쓰라고 했다.

원한다면 다른 낱말들을 활용해도 좋다고 허용했다.

등장인물의 관계 분석하기

- (짝과 함께) 작품 속에 나타난 인물을 모두 쓰세요.
- (혼자 하기) 작품 속 인물 간의 관계를 분석하세요.

※ 칠판에 적힌 '관계를 정의하는 단어들'을 참고해도 됩니다.

인물 관계도를 완성하면 그걸 살펴보면서 가장 나쁜 인물이 누구인지, 왜 그렇게 생각하는지 간략하게 쓰게 했다. 이때 촌장의 기만 행동에만 집중하지 말고, 이미 벌어진 권력자의 억압을 해결하기 위해 누가 어떻게 행동했어야 할지를 생각해보자고 했다.

이어서 4~5인 모둠을 만들어, 각자 작성한 인물 관계도와 작품 속 상황을 고려해 각 인물이 어떤 감정을 느꼈을지 생각해보게 했다. 자신이 이런 상황이라면 어떤 기분이 들었을지, 왜 그런 기분을 느끼게 되는지를 모둠원에게 설명해보라고 했다.

이 과정은 작품 속 인물의 상황을 각자 해석하는 단계다. 그렇다고 해석에 타당한 결론을 내라는 건 아니고, 작품 속 상황으로 인물이 어떤 감정을 느끼는지, 왜 그런 감정을 느낄지를 그 인물의 관점에서 설명하는 것이다. 이렇게 하면서 학생은 머릿속에서나마 타자(작품 속 인물)의 상황에 머물고, '나라면?'이라는 가정을 하게 된다. 즉, 작품 속 인물의 감정을 설득력 있게 설명하도록 하면 인물이 처한 상황을 깊이 고민하게 된다. 그 과정에서 인물에게 감정을 이입하고 동일시하는 경험을 하게 된다. 이는 타자의 삶에 자신을 대입해 '나라면 저 상황에서 어떤 기분이 들까?'와 같은 관심을 불러일으키고, 자기 경험을 떠올리게 하는 과정이 된다. 결과적으로 학생이 해석한 인물의 감정은 작품 속 인물만의 것이 아니라 학생 자신의 감정이기도 하다.

또 학생은 이를 다른 사람에게 설명하면서 자신이 해석한 감정에 대한 다른 학생들의 반응을 살펴볼 수 있다. 비록 다른 학생들의 공감을 얻지 못하더라도, 그 해석 자체가 타당하지 않다고 말할 수는 없다. 사람마다 상황에 대한 해석도, 상황에서 느끼는 감정도 다르기 때문이다.

실제로 한 학생은 〈파수꾼〉에서 '운반인'이 이리 떼는 존재하지 않는다는 진실을 마을 사람들에게 말했다는 이유로 촌장에 의해 거짓말쟁이로 몰린 상황에 주목했다. 이 학생은 '운반인'을 '용감하게 진실을 밝히려고 했지만 권력에 탄압받는 시민'으로 해석하며, 자신이라면 억울하고 울분에 사로잡혔을 것 같다고 했다. 그런데 이 이야기를 들은 다른 학생은 "운반인은 마을 처녀를 겁탈한 전력이 있으니 좋은 동기로 진실을 전했을 것 같지 않다"라며 이견을 밝혔다. 이처럼 '운반인'에 대한 해석은 종종 갈렸다.

이렇듯 학생은 자신이 바라본 인물의 상황과 감정이 다른 사람에게 그럴듯하게 받아들여지지 않을 때, 두 가지 선택지 앞에 선다. 하나는, 비록 다른 사람과 생각이 다르지만 자기가 느낀 감정의 절실함이나 진정성을 믿고 이를 드러내는 일기를 쓰는 것. 또 다른 하나는, 새로운 관점으로 다시 인물의 상황을 해석해보는 것이다. 학생은 어떤 선택을 하든 인물의 감정이 정말 그럴듯하고 진정성이 있는지 생각해볼 수 있다. 물론 이 과정을 이끌어주는 교사의 안내도 중요하다.

운반인이 선량한 시민이랑 거리가 먼 건 사실이야. 그런

사람일지라도 네가 생각하기에 진실을 밝히려는 욕구나 동기가

있었다면 그 사람은 억울하겠지. 그러면 그게 맞는 거야. 사회가

우리에게 요구하는 '일반적'인 생각이라는 틀이 있긴 하지만,

사람이 어디 그렇게만 살 수 있니? 인간은 다채로운 존재잖아.

물론 너무 반사회적이면 안 되겠지만, 네가 그 감정에 확신을

느끼면 돼. 네가 운반인이었다면, 거짓말쟁이로 몰려서 처벌받는

상황이 왔다면 기분이 어떻겠어?

4차시에는 〈파수꾼〉 속 인물 가운데 한 명을 골라, 그의 처지에서 일기를 쓰게 했다. 학생이 등장인물을 내면화해 그의 시선을 이해하고 공감하는 과정이다. 르포르타주reportage에서도 1인칭 스토리텔링을 종종 사용한다. 1인칭 서술은 낯선 사람의 삶을 구체적으로 드러내는 데 유용한 방식이기 때문이다. 이를 통해 자연스럽게 타인의 삶을 스토리텔링 형식으로 진술할 수 있다.

일기에는 반드시 '작품 속 인물이 처한 상황'과 '그 상황에서 인물이 가졌을 법한 생각이나 감정'을 담도록 했다. 사전에 예시문을 줬더니 대부분 잘 썼다.

그런데 일기를 쓰려면 사건이 있어야 하고, 결국 이야기를 만드는 재주가 필요하다. 소질이 없는 아이들은 분량이 너무 짧거나 인물이 처한 감정을 생각해내지 못했다. 이는 능력 부족이라기보다는 사고가 간결하고 군더더기가 없어서인 듯했다. 이런 사고는 나름 매력이 있지만, 등장인물의 감정을 느끼려면 구체적인 상황을 하나하나 떠올려봐야 한다.

이야기를 만드는 건 블록 놀이와 비슷하다. 직육면체, 구, 피라미드 모양의 블록을 어떻게 조합하느냐에 따라 성이 될

등장인물이 되어 일기 쓰기

작성한 인물 관계도를 보고 등장인물을 한 명 골라 그의 상황을 상상해 일기를 써보세요.

※ 감이 안 잡히면 예시문 참고하기(예시문만큼 잘 쓰지 않아도 돼요)

예시문

"탕탕탕탕탕!"

양철북 소리가 지붕을 넘어 거리로 퍼졌다. 뒤따라 이리 떼가 나타났다는 파수꾼의 고함이 이어지자, 마을 사람들은 이리 떼가 나타났다고 연달아 소리쳐 서로에게 알렸다. 시장 거리는 소리를 지르며 내달리는 사람들로 순식간에 아수라장이 되었다. 가판대 위 채소와 과일은 사람들에게 치여 돌길 위로 굴러떨어졌다.

나는 재인이 입에 물고 우물거리던 사과를 빼앗아 바닥에 팽개친 뒤 재인을 들쳐 업었다. 그 바람에 재인의 레이스 치마가 뒤집혔지만 신경 쓸 겨를이 없었다. 이리 떼가 마을에 도착하기 전, 그러니까 단 10분 만에 집에 도착해야 했다. 우리 집은 시장에서 3마일은 떨어져 있었다.

광장 분수를 지나치면서도 자신이 없었다. 거리의 사람들은 하나둘 집으로 들어가 문과 창문을 걸어 잠갔다. 한산해진 광장 어귀를 달릴 때, 지난달 루다가 빠져 죽은 우물이 눈에 들어왔다. 겁에 질린 재인의 울음소리가 어깨 언저리에서 들려왔다. 숨이 찼다. 이번 달만 몇 번째지. 다리가 무거워질수록 집에 가야 한다는 생각 위로 다른 생각이 덮쳐왔다.

광장을 빠져나가면 들판을 지나야 했다. 개민들레가 피어 있는 들판을 달리면 이리 떼에게 들키지 않을 수 있을까. 멀리서 짐승의 울음소리가 들렸다. 이리 떼일까? 나는 이리 울음소리를 들어본 적이 없다. 광장 뒷골목에서 재인을 내려놓고, 벽돌담 사이사이에 난 판자문을 조심히 두드렸다. 짐승의 울음소리가 다시 한번 들렸다. 나는 조금 더 세게 문을 두드리며 외쳤다.

"사람이에요! 저희 좀 들여보내주세요! 어린 동생과 함께 있어요!"

짐승의 울음소리가 더 가깝게 들렸다.

수도 있고, 사람이 되기도 하고, 공룡이 탄생하기도 한다. 학생이 과거에 접한 소설이나 영화, 웹툰 등 '서로 다른 여러 이야기' 속의 인물, 배경, 사건 각각에 대한 기억을 블록 조각 삼아한 편의 구체적인 이야기로 쌓아올릴 수 있다. 그래서 〈파수꾼〉의 시공간적 배경과 비슷한 이미지를 찾아봤다. '중세 유럽 마을'로 검색해 적당한 이미지를 찾아 학생들에게 보여주면서 이와 유사한 기억을 자극하도록 물었다. 게임을 좋아하는 학생에게는 이런 식으로 말해볼 수도 있다.

〈젤다의 전설〉이란 게임 알지? 그거 해봤어? 거기에 하이랄 중앙 광장이 나오잖아. 거기랑 비슷하지 않니? 그럼 〈파수꾼〉의 마을도 하이랄과 비슷하게 생겼다고 상상해볼까? 네가 고른 인물이 이렇게 생긴 공간에서 이리 떼 때문에 고통받고 있다고 생각해봐.

웹툰을 좋아하는 학생에게는 〈천마는 평범하게 살 수 없다〉 같은 작품을 예시로 들었다. 혹시 이도 저도 모르는 학생이 있더라도 교사가 적당한 예시를 찾지 못해 잠시 머뭇거리는 사이에 주변 학생들이 나서서 비슷한 배경을 가진 영화, 드라마, 웹툰 등을 언급해주기 때문에 큰 어려움은 없었다.

　〈파수꾼〉의 배경을 '중세 유럽 마을'이라고 연상한 것도 교사의 기억 속에서 각색된 이미지다. 작품에 등장하는 '이리 떼'나 '산딸기'가 지닌 우화성에서 안데르센의 동화가 떠올랐기 때문이다. 이처럼 등장인물이 되어 일기를 쓸 때는 구체적인 시공간을 설정하는 게 중요한데, 〈파수꾼〉은 특유의 우화성으로 인해 어떤 배경을 설정해도 이질적이지 않아서 좋았다.

[5차시] 감정을 중심으로 일기 쓰기

자신의 경험을 떠올려 쓰기

이번에는 등장인물과 비슷한 감정을 느꼈던 경험을 떠올려 일기를 쓰게 했다. 예를 들어 작품 속에서 늑대에 쫓기다 죽은 아이가 절망을 느꼈다고 생각했다면, 자신 또한 절망감을 느꼈던 상황을 일기 형식으로 쓰는 것이다.

　개인적인 경험에 대한 기억은 이미지나 영상 형태로 저장된다. 그래서 경험을 떠올리면 생생하게 묘사할 수 있고, 그 과정에서 감정이 더욱 강렬하게 환기된다. 그런데 특정 감정을 느낀 경험을 쉽게 떠올리지 못하는 학생이 의외로 많았다. 눈앞의 입시에만 몰두하다 보니 과거의 기억을 떠올리는 활동 자체가 낯설었던 것이다.

아이들이 절실한 감정을 느낀 경험을 떠올리게 하려면 어떻게 해야 할까? 수업 활동에서 떠올린 자신의 감정이 절실할수록 다음 시간에 상상해볼 이웃의 감정에 더욱 몰입할 수 있다. 아이들의 내밀한 경험을 끌어내기 위해서는 교사가 먼저 자신의 이야기를 들려주는 게 좋다.

몇 살이었는지 기억은 정확히 안 나는데, 아마도 네 살? 그때 엄마는 지물포 가게를 운영하느라 항상 바빠서 나를 제대로 돌봐주지 못했어요. 그날 내가 왜 그런 상황에 놓였는지 앞뒤 정황은 잘 기억이 안 나요. 그런데 아주 또렷하게 기억나는 감정이 있어요. 비가 내리고 있었고, 나는 혼자 우산을 쓰고 그네에 세로로 앉아 있었죠. 그네 의자를 가랑이 사이에 넣고 말 안장에 타듯이…. 그런데 발이 땅에 안 닿는 거예요. 몸을 기울여서 어떻게 올라타긴 했는데, 몸이 수평이 되니 발이 공중에 떠버렸죠. 갑자기 너무 무서워서 큰 소리로 엄마를 부르면서 울었어요. 지금도 그때를 생각하면 너무 슬퍼요. 그때의 내가 너무 애처롭게 느껴져요. 잘 기억은 안 나지만, 너무 외롭지 않았을까요. 어리고 약한데 아무도 도와주는 사람이 없었잖아요. 엄마가 항상 나를 내버려둔다는 설움이 거기서 폭발했던 거 같아요. 나는 아직도 때때로 혼자라고 느낄 때가 있어요. 이제는 어른이 되어 부모님의 사정을 이해하고 원망하지 않지만, 그래도 어릴 때의 그 감정은 어딘가 남아 있더라고요.

이렇게 머릿속 어딘가에 남아 있는 기억을 꺼내 그때의 감정만 떠올려보라고 했다. 교사가 물꼬를 튼 덕분인지 아이들은 그런대로 자기만의 경험을 끌어냈다.

이제 일기를 쓸 차례다. 이때 반드시 포함해야 할 정보로는 '언제, 어디서, 누구와 무엇을 하고 있었는지, 왜 그런 행동을 하고 있었는지' 등 상황에 대한 구체적인 내용이다. 그 상황에서 자신이 어떤 감정을 느꼈는지, 왜 그런 감정을 느꼈는지도 설명해야 한다. 그런데 경험은 기억나지만 그 감정에 이르게 된 인과 과정이 잘 생각나지 않아서 구체적인 상황으로 표현하는 게 어렵다는 아이가 많았다. 과거의 경험이므로 아이들이 호소한 어려움은 너무나 당연하다. 그래서 정황적인 인과 관계나 정교성은 꾸며내도 된다고 했다.

아까 내가 그네에서 울었던 이야기를 했잖아요. 그런데 엄마 말로는 그날 비가 안 왔대요. 내가 30분 정도 없어져서 동네가 발칵 뒤집어졌는데, 옆집 아저씨가 오토바이로 온 동네를 돌며 나를 찾다가 놀이터에서 발견했대요. 사실 생각해보면 우산을 들고 그네에 세로로 앉는 게 이상하긴 해요. 그런데도 나는 그날을 떠올리면 비가 왔다고 느껴져요. 어쩌면 멀쩡했던 날씨를 바꿔버릴 만큼, 그날 느낀 외로움이 강렬했던 게 아닐까요?

경험이 불러일으킨 감정을 쏟아내는 일기라면, 정교한 사실성은 크게 중요하지 않다. 특정 상황에서 특정 감정을 느끼는 것은 단 한 번의 사건 때문만이 아니라, 살아오면서 누적된 감정이 특정 사건을 계기로 폭발하는 경우가 많기 때문이다.

강렬한 감정과 그것을 느끼게 한 상황을 글로 쓰는 것은 '과거의 나'와 자연스럽게 거리를 두게 한다. 자신을 사로잡았던 감정에서 물러나 지나온 시간을 조망하며 감정을 한층 정확하게 규정할 수 있고, 그 감정을 느끼게 한 상황 요소 간의 상호 작용을 조금 더 분석적으로 바라보게 된다. 나아가 그 감정에서 벗어나려면 무엇을 해야 하는지, 무엇을 원하는지 인식할 수 있다. 따라서 이런 일기는 100퍼센트의 진실보다 100퍼센트의 절실함이 더 중요하다.

실제 경험을 바탕으로 하되 세부 내용이 잘 떠오르지 않으면 자신에게 두려움, 억울함, 분노, 절망감, 울분을 안겼던 상황을 조금 더 극적으로 꾸며내보라고 했다.

학생: 엄마한테 혼나서 서러웠던 건 기억나는데, 앞뒤 상황이 잘
생각이 안 나요.

교사: 그럼 기억나는 것만 일단 써. 자세한 상황은 쓰면서 네가
만들어도 돼. 소설이라고 생각해도 괜찮아. 어쨌든 네가
느낀 감정은 진실한 거잖아. 그게 중요해. 네가 어떤
상황에서 그런 감정을 느꼈는지 보여주는 거야.

그런데도 감정이 아니라 상황만 설명하는 아이들이 있었다. 상황 설명도 중요했고, 감정을 절실하게 드러내는 것도 중요했다. 그런 아이들에게는 차라리 감정으로 시작해서 징징거리는 한탄을 하라고 했다.

나는 너무 분하다. 같이 공부하는 것 같은데, 나만 성적이 나쁘다. 같이 PC방 가고 같이 놀러 다니는데, 왜 맨날 나만 성적이 이 모양이지. 나도 노력을 안 하는 게 아니다. 노력보다 더 잘 나오길 바라는 것도 아니다. 그런데 엄마가 "너는 놀러 다닐 자격도 없어"라고 했을 때, 노는 데도 자격을 따져야 한다는 게 화가 났다.

이처럼 먼저 감정을 쏟아내고, 구체적인 상황은 그 뒤에 살

을 붙이면 된다. 감정을 중심으로 자신이 분노나 좌절을 느끼는 상황을 솔직하게 꾸며내고 정교화하는 과정 자체가 '사람은 언제 분노와 좌절을 느끼는가?' '무엇이 사람을 두렵게 만드는가?'와 같은 인식으로 이어질 수 있다. 이를 바탕으로 작품 속 인물이나 현실 속 이웃의 상황을 분석해보고 분노, 좌절, 두려움 등을 느끼게 하는 요소를 발견해내기를 바랐다.

일기를 다 쓴 뒤에는 요구한 요소들이 모두 포함되었는지 점검표로 확인하게 했다. 본인이 원하면 다른 친구에게 동료 점검을 요청할 수 있고, 원치 않는다면 스스로 점검하게 했다. 점검 기준은 다음과 같다.

- 글쓴이의 경험을 제재로 선택했나?
- 그 일이 언제, 어디서 일어났는지 확인할 수 있나?
- 글쓴이가 어떤 행동을 했는지 구체적으로 확인할 수 있나?
- 글쓴이가 왜 그렇게 행동했는지 설명할 수 있나?
- 글쓴이가 느낀 감정이나 기분을 설명할 수 있나?

[6~7차시] **타인에게 공감하며 일기 쓰기**
이웃의 삶을 조사하고 상상해 쓰기

작품 속 인물의 처지가 되어 일기를 써보고, 자신의 경험에서 생생한 감정을 길어내는 일기도 썼다. 이는 감정을 매개로 이웃의 삶에 공감하기 위한 준비 과정이었다. 이제는 본격적으로 우리 사회에서 어려움을 겪는 이웃의 삶을 생각해보고, 그 아픔에 공감하는 글을 쓸 차례다.

우선 지금까지의 활동을 돌아보며, 두 편의 일기에 담긴 감정이나 상황을 가진 이웃 집단을 찾아보게 했다. 가장 손쉬운 방법은 기사 검색이다. 이를 위해서는 먼저 이 활동에 알맞은 기사문을 스스로 찾을 수 있어야 한다. 기사문의 형태는 다양하지만 이웃의 삶을 이해하기 위해서는 세 가지가 담겨 있어야 한다고 안내했다. 첫째, 특정 집단의 일상적인 삶이 담겨 있어야 한다. 둘째, 현재 상황이나 사태와 관련한 통계 자료가 있으면 더 좋다. 셋째, 원인 분석과 정책적 대안을 제시하면 가장 좋다.

기사 검색에서 가장 중요한 건 자료에 접근하는 방법이다. 어떤 검색어를 사용하고, 어떤 하이퍼링크를 클릭하느냐에 따라 자료 접근의 성패가 갈린다. 검색어는 우선 알아보고자 하는 이웃 집단을 가리키는 어휘(저임금 노동자, 프리랜서, 노인 등)를 기본으로 사용하되, '한계' '사각지대' '열악' 등의 낱말을 번갈아 조합해볼 수 있다. 또 제목 앞에 '르포' '기획' '연재'가 붙은 기사문을 눈여겨보거나 연관 기사를 꼼꼼하게 확인하는 방법도 있다고 알려줬다.

아이들의 이해를 돕기 위해 이런 특징이 잘 드러난 기사문 링크와 검색어 예시, 언론사 사이트 주소를 모아서 공유 문서로 나눠줬다. 저임금 노동자, 프리랜서, 자립준비청년 등 다양한 이웃 집단 중 관심 있는 대상을 정해 해당 기사문만 읽어도 되고, 딱히 관심 가는 집단이 없으면 처음 10분 정도는 두루 탐색하다가 특정 집단을 정하도록 했다.

아이들은 예시 기사문을 읽다가 자신의 흥미나 관심을 더 끄는 집단을 자연스레 골라낸다. 시사에 밝은 아이들은 검색어 예시를 보자마자 집단을 정하기도 했다. 이때 일부 학생은 자신의 이익과 밀접한 관련이 있는 집단을 골랐다. 남동생이 틱 장애를 가진 한 여학생은 비장애 부모나 형제가 겪는 어려움과 그에 필요한 관심과 지원을 조사하겠다고 했고, 또 어떤 학생은 희망 진로에 따라 경찰·소방관·간호사 등 특정 직업군의 처우를 조사하겠다고 했다. 이런 경우 활동 취지에 맞는 '타인'을 더 찾아보도록 조언했다.

물론 이와 같은 이웃들에게도 사회적 관심과 지지가 필요하다. 하지만 이 수업의 궁극적인 목적은 아이들이 평소에 관심을 두지 않거나 주의를 기울이지 않았던 이웃의 삶에 다가가도록 이끄는 것이므로, 자신의 관심사나 이익과 직접적인 관련이 없는 집단을 찾아보라고 했다.

이웃 집단을 정했으면 관련 기사문을 찾아 읽어야 한다. 기사문은 최소 대여섯 개는 읽도록 했고, 부족하다면 더 찾아보거나 온라인에서 다큐멘터리 등의 영상을 찾아보는 것도 허용했다.

이 단계는 전체 과정에서 가장 난항이었다. 언제나 그랬듯, 활동에 적합한 자료를 찾는 건 쉽지 않았다. 그래서 아이들에게 수집한 자료를 모두 모아보자고 하기도 했지만, 그렇다고 질 좋은 자료가 수집되는 건 아니었다. 공유 문서에 자신이 찾은 기사의 제목과 링크를 모으게 했더니, 학생들이 기사문의 적절성이나 수준은 고려하지 않고 기계적으로 입력하는 바람에 링크가 기하급수적으로 불어나 관리만 힘들어졌다.

결국 대다수 학생이 교사가 제공한 예시 기사문을 참고했다. 다만 이 기사들도 예전에 다른 학생들이 찾은 기사문과 함께 모은 것이니 '또래의 협력'이기는 하다. 그동안 기사문을 찾아 읽는 활동을 종종 해왔는데, 그때마다 순회 지도를 하면

146

서 괜찮은 기사가 보이면 모아둔 게 도움이 되었다. 무엇이든 오래 쌓이면 교사에게도 학생들에게도 힘이 된다.

그럼에도 교사가 제공하는 기사문에만 의존하지 말고 스스로 새로운 기사를 찾으라고 독려한 이유는 학생들에게 기존에 미처 생각하지 못했던 관점을 알려주고 싶었기 때문이다. '자립'이라는 키워드를 '중독자'의 재활 문제와 연결해 턱없이 부족한 중독 치료 지원을 지적한 기사를 찾은 학생도 있었고, '기초 지원 대상자'를 검색하다가 지방 소멸 문제를 다룬 기사로 넘어간 학생도 있었다. 이렇게 찾은 기사는 다시 다른 친구들에게 제공되는 예시 기사문에 더해진다.

학생들은 한 시간 동안 스스로 찾은 기사문이나 예시로 제공된 기사문을 읽으며 이웃의 삶을 알아갔다. 그 과정에서 놀랍고 충격적인 것, 새롭게 알게 된 것, 사람들이 알아야 할 사실, 문제의 원인과 해결 방안 등을 메모했다.

기사문을 다 읽은 후에는 이웃의 삶을 일기 형식으로 쓰게 했다. 소설가들은 자신이 창조한 인물에 성격을 부여하면서 그 인물이 또 다른 자신이거나 이 세상 어딘가에서 살아가는 사람처럼 느낀다고 한다. 아이들도 이웃의 삶을 상상해 일기를 쓰는 과정에서, 기사문 정보로만 접했던 이웃의 삶의 구체적 조건이나 세부 상황을 상상해보며 인격을 부여하고, 마침

비슷한 감정을 가진 이웃들의 삶 조사하기
(조사 내용 기록지)

지난 시간에 자신이 떠올린 경험과 감정을 생각해보고, 그와 비슷한 감정을 가진 이웃들의 삶을 조사해보세요.

① 링크의 예시문을 읽고, 우리 주변에서 살아가는 이웃들이 어떤 삶을 살고 있는지 확인해보세요. (링크는 반톡에 있음)

② 이웃 집단을 하나 골라 그들의 삶을 드러내는 기사를 검색해보세요. 기사문은 다음 조건을 충족하면 좋아요.

- 첫째, 이웃 집단의 일상을 그려내야 한다.

- 둘째, 현재 상황이나 사태에 대한 통계 데이터를 실어두면 좋다.

- 셋째, 원인 분석과 정책적 대안을 제안하면 가장 좋다.

되도록 이 조건들을 갖춘 기사문을 최소 5~6편 찾아, 기록지의 '기사 제목'란에 적어보세요.

③ 기사를 읽을 때는 인상 깊은 내용, 놀라운 사실, 새롭게 깨달은 내용과 문제 해결 방안을 꼭 적어주세요.

※ 수집한 자료를 바탕으로 8~9차시에 '칼럼 쓰기' 활동을 수행합니다.
    (지금 적어둔 내용이 풍부할수록 나중에 글쓰기가 훨씬 수월해요!)

기사 제목	
조사 내용	인상 깊은 내용 / 놀라운 사실 / 새롭게 깨달은 내용 / 문제 해결 방안을 꼭 적으세요!

내 가까운 어딘가에서 숨 쉬고 살아가는 '사람'으로 느끼기를 기대했다. 또 이웃이 처한 상황에서 느낄 법한 감정을 상상하고 글로 쓰면서 이웃의 아픔에 공감하기를 바랐다. 이렇게 학생들이 감정을 매개로 이웃에 친밀감을 느낄 때, 비로소 진심 어린 마음으로 칼럼을 쓸 수 있다.

일기를 쓸 때는 여러 기사문에서 얻은 정보를 종합해 특정한 상황과 인물을 설정하도록 했다. 이런 이야기의 성패는 '진실성'에 달려 있다. 절망이든 무력감이든 원망이든, 그 감정을 불러일으킨 상황에 대해 공감을 얻으려면 개연성이 중요하다. 그러려면 상황을 구체적으로 설정해야 한다.

일단 상황을 구체적으로 설정하는 게 제일 중요해요. 읽었던 기사문에 등장하는 이웃에 대한 정보를 한 줄 한 줄 모아서 상황을 만드세요. 예를 들어 내가 미등록 이주민이라면 학생이 될 수도 있고 노동자가 될 수도 있겠죠? 학생이라면 중학생인지 고등학생인지 구체적으로 정하세요. 그래야 그 사람이 놓인 문제 상황을 생생하게 만들 수 있어요. "앞으로 2년 뒤, 나는 고등학교를 졸업하면 한국에서 쫓겨나게 된다"처럼요. 그리고 여러분이 그 사람이 되었다고 생각해보세요. 이때는 여러 기사를 통해 확인한 그 사람의 삶에 대한 정보, 예를 들면 미등록 이주민의 고충을 밑거름 삼아 그 사람의 지나온 삶과 앞으로 닥쳐올 삶을 상상해보는 거예요. 한국에서 태어나고 자랐는데, 고등학교를 졸업하면 엄마 국적을 따라 토고로 가래요. 그리고 매일매일 시간은 가고 있어요. 기분이 어떨까요? 거기서 출발하는 거예요.

학생들에게는 자신이 그 상황에 놓였다고 상상하며, 그때의 감정을 토로하는 일기를 쓰라고 했다. 삶을 힘들게 하는 조건들에 대한 원망, 잘해보려고 발버둥 쳐도 그 노력마저 무력화시키는 현실의 문제점들, 그에 대한 답답함을 거칠게 표현해도 된다고 했다. 약간의 비속어도 특별히 허용했다. 다만 이는 구체성을 위한 것이므로, 상황과 무관한 불필요한 비속어는 감점 요인이라고 강조했다. 비속어를 허용한 게 의외로 성과가 좋았다. 학생들은 인물의 상황에 한층 몰입했다.

하지만 학생들은 실제 자신의 상황이 아니다 보니 이웃의 삶에 몰입하는 걸 힘들어하기도 한다. 그럴 때는 일대일 대화를 시도했다.

교사: 네가 그런 상황에 있는데, 이민국 사람들이 너를 데리러 왔어. 그러면 너는 뭐라고 할 거 같아?

학생: 꺼지라고, 나보고 어쩌라는 거냐고 하죠.

교사: 왜 그런 말을 한 거야?

학생: 저는 갈 데도 없잖아요. 토고 가서 뭐 먹고 살아요.

교사: 뭐, 대한민국에서도 잘살고 있는 건 아니잖아.

학생: 샘, 토고 가보셨어요? 토고에서 프랑스어 쓰는 거 아세요?

교사: 가서 말 배우면 되잖아.

학생: 친구들도 다 여기 있는데, 거기 가서 누구한테 말을

배워요. 누가 저랑 놀아줘요. 언제 말 배워서 먹고살아요.

한국에서는 맥도날드에서 알바라도 하면서 먹고살지.

교사: 그게 내가 알 바니?

학생: 너무한 거 아니에요?

교사: 지금 말한 걸 그대로 일기로 쓰면 되겠네. 아무튼 너는 지금

이대로라면 토고로 쫓겨나게 될 거야.

또 어떤 아이들에게는 자신의 사연을 이야기하면서 감정을
표현하는 일인극을 한다고 생각하고, 그 연기에서 자신이 할
법한 대사를 일기로 쓰라고도 했다.

달력에서 하루를 또 지웠다. 앞으로 86일, 엄마와 내가 2300만
원을 모아야 내 유학 비자가 나온다. 그나마 나는 유학 비자를

받을 수 있지만, 엄마는 여전히 비자를 받을 수 없다. 악마 같은
이민국 놈들이 언제 우리 엄마를 끌고 가도 속수무책이다.
그래도 엄마는 나라도 한국에 살게 하려고, 일단 유학 비자를
받기 위해 유학 자금을 모으고 있다. 은행 잔고가 2000만 원이
넘으면 이걸 증명해서 유학 비자가 나온다고 했다. 그런데 내가
대학에 간다고 한들 학비는 어떻게 하지? 휴학하면 유학 비자가
적용되지 않아서 결국 출국해야 한다. 이렇게 살아가는 게
의미가 있을까.

엄마랑 나란히 앉아 TV를 보며 웃을 때는 행복하다고 느낀다.
그러다가도 문득 이민국 사람들이 쳐들어오면 어쩌지 하는
생각이 든다. 나는 왜 이렇게 태어났을까. 엄마는 요즘은 예전
같지 않아서 막무가내로 쳐들어와 잡아가진 않는다고 했지만,
나는 느완이 어느 날 갑자기 사라진 기억이 생생하다. 한국
친구들이 느완의 집으로 찾아가고 공항까지 갔지만, 강제 출국을
막진 못했다. 나도 엄마도 그렇게 쫓겨나게 될까. (…)

8차시는 지금까지 써온 일기 내용을 칼럼으로 바꾸는 활동이다. 〈파수꾼〉 속의 한 인물이 되어 쓴 일기, 자기 경험을 떠올려 쓴 일기, 그리고 이웃이 되어 쓴 일기 순서로 세 문단을 구성하게 했다.

이렇게 배열만 하면 내용상으로는 크게 연관성이 없어 보인다. 하나의 주제로 쓴 글이 아니기 때문이다. 학생들이 일기를 쓸 때는 오로지 감정에 집중하도록 하기 위해, 이 일기가 앞으로 쓸 칼럼의 내용이 될 것이라고 강조하지 않았다. 타인의 문제를 자신의 문제로 끌어들이려면 감정적 공감이 가장 중요하기에 그 마음을 절실히 느끼는 게 우선이기 때문이다. 하지만 세 편 모두 감정을 중심으로 쓴 일기이기 때문에 공통된 감정을 주제로 삼아 한 편의 글로 엮을 수 있다.

처음부터 주제를 명료하게 설정할 수도 있었다. 하지만 타의에 의해 시작한 글쓰기에 얼마나 깊은 진심이 담길 수 있을까. 그동안 학생들이 소수자나 약자를 학습 제재로 다룰 때, 관성적인 연민과 기계적인 자료 조사에 그치는 상황을 종종 목격했다. 그래서 적어도 일기를 쓰는 순간만큼은 감정이 사무치기를 기대했다. 그 감정이 자신의 마음속 어딘가에서 뜨겁게 솟구친다고 느낄 때, 이 활동은 더욱 유의미한 과정이 된다고 생각했다. 그래서 내용 선정 단계가 아니라 조직 단계에서 주제를 설정하게 했다.

우리 이웃의 삶의 고단함을 드러내는 게 칼럼 쓰기의 목적이라고 강조했다. 또 이웃의 처지가 되어 쓴 일기 가운데 그 고통을 가장 잘 드러낼 수 있는 문장(주제 문장)을 하나 골라 글의 맨 위에 써두고, 그걸 전달하는 내용으로 구성하라고 했다. 주제 문장을 고른 후에는 각 문단 내용을 3인칭 시점으로 바꿔 쓰게 했다. 즉, 일기 형식의 1인칭 주인공 시점을 3인칭 전지적 시점으로 바꿔서 글의 내용을 좀 더 객관화하는 것이다.

각 문단에 반드시 들어가야 할 내용 요소와 분량도 안내했다. 첫 번째 문단은 네 줄 이내로 쓰되, 〈파수꾼〉 속 인물이 처한 상황과 그로 인해 느끼는 감정을 포함하게 했다. 두 번째 문단에는 자신도 그와 같은 감정을 느낀 경험을 쓰되, 그 상황이 왜 그런 감정을 일으켰는지, 그때 어떤 생각을 했는지 등을 담도록 했다. 세 번째 문단에는 이와 비슷한 감정을 느낄 것 같은 이웃의 상황과 일상의 단면을 포함하게 했다. 이때 가상 인물을 설정하고, 앞서 읽었던 기사문 내용을 활용해 그의 삶을 설명하도록 했다. 또 사회적 시스템이 그런 삶을 만든 게

일기를 칼럼으로 바꿔 쓰기

이제 이웃의 삶을 드러내는 칼럼을 써봅시다.
(글자 크기 10, 글씨체 맑은고딕, 줄 간격 160%)

① 앞서 작성한 세 편의 일기를 순서대로 읽어보세요.

② 이웃의 감정을 가장 잘 드러낼 수 있는 문장을 골라 '주제 문장'을 쓰세요.
  (주제 문장 양식은 칠판 참고)

③ 첫 번째 문단의 내용을 3인칭 전지적 시점으로 바꿔 3줄 이내로 작성하세요.

④ 두 번째 문단의 내용을 3인칭 전지적 시점으로 바꿔 5줄 이내로 작성하세요.

⑤ 세 번째 문단의 내용을 3인칭 전지적 시점으로 바꿔 10줄 이상으로 작성
  하세요.

왜 문제인지, 이런 상황이 어떤 가치관에 어긋나는지를 비판적으로 쓰게 했다.

첫 번째 문단은 석 줄 정도면 충분하다. 하지만 이후 문단부터는 알려지지 않은 개인적 삶을 다루기 때문에 분량이 늘어나게 된다. 두 번째 문단은 5줄 이내, 세 번째 문단은 10줄 이상을 권장했다. 세 번째 문단에서 내용을 어떻게 풍성하게 만들지 감을 못 잡는 학생들에게는 교사가 직접 작성한 르포 기사 예시문을 보여주면서 무엇을 어떻게 보완해야 하는지 일대일로 알려줬다. 수업 시간에 미처 못 봐준 아이들은 쉬는 시

간이나 점심시간에 피드백을 받게 했다. 글은 컴퓨터로 작성
하게 했다.

다음과 같이 교사가 제시한 르포 기사 예시문은 뜀틀의 도
약판 같은 역할을 한다. 뜀틀 앞에 서면 차마 뛰어넘을 용기가
나지 않는다. 하지만 멀리서 달려와 도약판에 발을 구르는 순
간, 몸이 붕 뜨면서 뜀틀을 넘을 수 있다. 예시문 작성은 교사
에게도 의미가 있다. 미리 글을 써보면서 학생들이 어느 단계
에서 어떤 어려움을 겪을지 구체적으로 예상할 수 있고, 그에
맞게 활동을 조정할 수 있기 때문이다.

〈파수꾼〉 속 마을 사람들은 늘 불안을 느끼며 살아간다. 평온한

일상에서도 이리 떼가 온다는 경고에 늘 불안해하며 공포를

느낀다. 평온한 삶을 누리는 것은 인간의 권리임에도, 실체가

없는 대상을 두려워하며 불안하게 살아가야 하는 것이다.

나도 실체가 없는 대상 때문에 불안했던 경험이 있다. 어릴 때

지구 종말 영화가 유행한 적이 있다. 한 달이 멀다 하고 지구에

행성이 떨어지고 외계인이 침략하는 장면을 보며, 평범한

사람들의 일상이 산산조각나고 무엇보다 사랑하는 가족들과

이별하는 모습에 감정이 몰입되었다. 그러다 보니 실제로 그런

일이 일어날까 봐 무서워졌다. 지금 생각하면 상상력이 지나치게

풍부했던 탓일 수도 있다. 학교에 갈 때면 내가 학교에 있는 동안 외계인이 쳐들어와 엄마를 다시 보지 못할까 봐 울기도 했고, 아빠가 늦으면 괜히 조바심이 나기도 했다. 그때의 나는 언제 가족들과 헤어질지 모른다는 생각 때문에 늘 불안했다. 그런데 실제로 매일 이런 불안을 느끼며 살아가는 사람들이 있다. 바로 언제 쫓겨날지 모르는 '미등록 이주민'들이다. 이들에게 불안감은 공기처럼 일상을 가득 채우며 전방위로 압박해온다. 미등록 이주 아동 ○○○은 고등학생이다. 그는 작년부터 학교생활을 열심히 하지 않았다. 출석은 그럭저럭 하지만 수업에 집중하지 못하고 창밖만 멍하니 바라보는 날이 많다. 아무리 수업을 들어도 자신의 미래가 달라질 수 없다고 생각하기 때문이다. ○○○은 고등학교를 졸업하면 한국에 계속 머물 수 있을지 알 수 없다고 생각한다. (…)

이렇게 세 번째 문단까지 쓰고 나면, 아이들은 "그래서 결론이 뭐예요?"라며 의아해한다. 글의 핵심 내용은 심각하고 진중한 어조로 이웃의 고통을 다루지만, 문제 제기만 있을 뿐 마무리가 없음을 깨닫는 것이다.

그래서 9차시에는 이웃의 삶의 조건을 개선할 방안을 추가해서 네 번째 문단을 쓰도록 했다. 여러 기사문을 읽으며 수집

항목	점검 요소	별점	어떻게 고칠까?
내용	주제 문장이 있는가?	☆☆☆☆☆	
	〈파수꾼〉 속 인물의 감정과 상황이 충분히 드러났는가?	☆☆☆☆☆	
	필자의 과거 경험이 담겨 있고, 처한 상황을 충분히 이해할 수 있는가?	☆☆☆☆☆	
	필자의 과거 경험으로 인한 감정이 담겨 있는가?	☆☆☆☆☆	
	어려움을 겪는 이웃의 삶이 담겨 있고, 그 상황을 충분히 이해할 수 있는가? (구체적인 통계, 수치를 인용해 설명하는지)	☆☆☆☆☆	
	이웃이 처한 상황으로 인해 느끼는 감정이 드러나는가?	☆☆☆☆☆	
	이웃의 상황이 발생하는 이유를 충분히 설명하고 있는가?	☆☆☆☆☆	
	이웃이 처한 상황을 해결하기 위한 정책적 방안을 제안하고 있는가?	☆☆☆☆☆	
형식	한 문단에는 하나의 중심 내용이 담겨 있는가?	☆☆☆☆☆	
표현	지나치게 길어서 무슨 말을 하는지 모호한 문장이 있는가?	☆☆☆☆☆	
	추상적 어휘로 지칭해 대상이 모호하게 느껴지는 낱말이 있는가?	☆☆☆☆☆	

5점을 받지 못한 항목이 만점을 받기 위해서는 무엇을 어떻게 해야 하는지 친구에게 묻고, 그 답을 맨 오른쪽 칸에 적으세요.

했던 정책적인 해결 방안을 정리하면 된다. 이미 많은 기사문을 읽었기에 조금만 더 검색해도 충분히 보완할 수 있다.

이렇게 네 개의 문단이 완성되면, 10차시에는 이를 여러 번 읽으면서 표현이 어색한 부분을 다듬으면 된다. 우선 어색한 부분에 밑줄을 긋고, 어떻게 고치면 좋을지 생각해보게 했다. 고쳐쓰기를 할 때는 점검표를 제공하고 동료 평가도 하게 했다. 짝의 글을 읽은 뒤 각 항목에 별점을 매기는 방식이다. 별점을 받은 학생들은 평가한 친구에게 왜 그렇게 생각했는지, 또 5점을 받으려면 어떻게 써야 했는지를 물어보게 했다.

개인과 사회의 행복을 꿈꾸며

비정함이 이 아이들에게는 스치지 않기를

수업 후 아이들에게 이 수업을 통해 깨달은 점을 물어봤더니 이렇게 답했다.

내가 생각했던 것보다 더 많은 사회문제가 일어나고 있고,
그동안 사회의 일원으로서 사회문제에 무관심했던 사실을
반성하게 되었다. 이처럼 수면 위로 드러나지 않은 사회문제를

인식하려면 어떤 노력을 해야 할지 고민하게 되었다.

각자의 위치와 경험에 따라 공정에 대한 인식이 달라질 수 있다는 생각을 하게 되었다. 다양한 이해관계자들과 협력과 공유가 필요한데 개인의 노력만으로는 한계가 있고, 집단적인 노력과 협력이 필요하다는 인식을 가지게 되었다.

경제적 약자들이 종사하는 비중이 높은 단순 노동이 자동화 기계로 대체되는 게 개인의 문제가 아니라 우리나라 경제에 얼마나 큰 위기인지 알게 되었다. 기본적인 삶을 보장하는 기본 소득 도입, 생산 활동과 소비 활동을 지속할 수 있는 직무 훈련, 이를 위한 세수 확보가 필요하다는 깨달음을 얻었다.

그 가운데 가장 인상 깊었던 것은 '아사히글라스 비정규직 노조'를 조사해 칼럼을 쓴 학생의 감상이었다. 이 학생은 한낱 기업이 노동자의 '생존'에 관여할 만큼 중요한 결정을 자의적으로 하고도 법적 제재를 즉각적으로 받지 않을 권리를 가질 수 있는가에 대해 깊이 고민했다. 또 오래전부터 이런 문제가 있었음에도 자신은 전혀 알지 못했다고 반성하며, 더 나아가 '아사히글라스 비정규직 해고 사태'를 해결하기 위해서는 사회의 관심이 필요하다고 썼다. 물론 그 변화가 쉽지는 않겠지만, 그럴수록 수면 위로 드러나지 않은 사회문제에 더욱 관심을 가져야 한다고 했다.

그렇다면 교사인 나는 왜 칼럼 쓰기 수업을 하게 되었을까? 그 답을 스스로 추적하다 보면, 앞서 글 서두에서 언급했던 칼럼이 있다. 출근 준비를 하던 어느 날 아침, 그 기사를 읽었다. 당시 나는 학부모 민원이 유독 심했던 학교에서 근무하고 있었다. 내가 속한 부서에서는 몇몇 선생님이 똘똘 뭉쳐 자신들 중 누군가에게 문제가 생기면 적극적으로 편을 들어주며 친분을 과시하곤 했다. 이들은 때로는 책임을 회피하거나 다른 사람에게 전가하면서 자존심을 지켜내기도 했다. 유순하게 웃던 과학 선생님과 기간제 교사인 내가 종종 그 모멸적인 일의 대상이 되었다. 사는 게 버겁다고 느끼던 나는 그 기사를 읽으며, 내가 살아가기 위해서는 내 편을 들어줄 사람이 필요하다는 것을 깨달았다. 더 나아가 학생들이 누군가의 편이 되어주는 사람으로 자란다면, 우리가 사는 세상도 조금은 편해질 거라는 기대가 생겼다.

그래서인지 내가 만드는 수행평가는 대체로 무겁고 진지하다. 그게 마치 '나'라는 사람의 내면을 그대로 드러내는 듯해 때로는 쓸쓸하다. 하지만 내가 가르치는 아이들 가운데 누군가 나와 비슷한 상황에 놓이더라도, 적어도 내가 느꼈던 비정함이 이 아이들에게는 스치지 않기를 바랐다.

물론 아이들이 한 번의 수업으로 단숨에 건전한 시민이 되지는 않을 것이다. 하지만 무관심을 부끄러워하는 마음, 모두의 참여와 연대가 필요하다는 현실적인 판단, 이웃의 행복이 나의 행복과 연관되어 있다는 생각을 해보는 것만으로도 이 수업은 의미가 있지 않을까. 학생들의 긴 인생에서 보면 단 10차시, 약 두 달 반 동안 생각해본 '타인의 고통'일 뿐이다. 하지만 이웃의 고통에 관심을 기울인 경험을 통해 우리 주변에 이런 사람들이 있음을, 그들이 '나'와 같은 감정을 느끼며 살아가고 있음을, 우리가 그들을 대신해 목소리를 낼 수 있음을, 자신이 그렇게 할 줄 아는 사람임을 기억하기를 기대한다.

서평 쓰기

가짜 읽기와
가짜 쓰기를
넘는 법

책 대화로
나만의 감상
길어 올리기

이기주

가짜 읽기와 가짜 쓰기를 넘는 법
책 대화로 나만의 감상 길어 올리기

수행평가 계획서에 문학작품 감상문 쓰기를 넣을 때면 늘 마음이 복잡하다. '자기 감상'이 없는 천편일률적인 가짜 읽기와 가짜 쓰기를 만나야 하기 때문이다.

대부분 학생은 문학작품을 감상할 때 참고서 주석에서 벗어나지 않는다. 아마도 이것이 공인된, 그래서 안전한 '정답'이라고 생각하는 듯하다. 그러다 보니 감상문은 수수께끼의 답을 잘 외워 옮기는 쪽지 시험과 다를 게 없다. 검색 몇 번이면 작품 정보를 손쉽게 얻을 수 있고, 이제는 그럴듯한 감상문 하나쯤도 단 몇 초 만에 만들어내는 인공지능 시대에 좋은 독서와 참신한 글쓰기는 점점 설 자리가 좁아지고 있다.

'순도 100퍼센트, 나만의 감상으로 채우는 서평 쓰기 수업'을 생각한 건 이런 이유였다. 좋은 서평은 좋은 글감을 길어

올리는 데서 시작하고, 좋은 글감을 길어 올리려면 좋은 연습 과정이 필요하다. 이를 위해 선택한 연습 방법이 '책 대화'다. 책 대화는 좋은 글감을 친구들과 함께 길어 올리는 아주 멋진 협업 과정이다. 함께 이야기한 만큼 잘 읽을 수 있음을 스스로 깨닫는 것이 책 대화의 가장 큰 효용이다.

서평 쓰기 수업을 준비하면서 생각한 중요한 지점은 참고 서나 문제집 등에서 많이 소비되지 않았으면서도 교과 학습 과 너무 멀지 않은 작품을 선정하는 일이다. 학기 내내 도서관 에서 수업을 진행하면서 모든 매체 활용과 검색을 허용하고, 친구들과의 대화도 제한하지 않았다. 그래서인지 책 읽기 첫 시간에는 학생들이 독서보다 검색에 더 많은 시간을 들였다.

"읽어도 무슨 말인지 모르겠어요."

"인터넷을 아무리 찾아봐도 자료를 찾을 수가 없어요."

"글감이 없는데 어떻게 책 대화를 하고 서평을 써요?"

학생들은 참고서 주석이나 인터넷 검색으로는 해석을 얻을 수 없는 작품이라는 이유만으로도 푸념을 늘어놨다. 학생들은 검색한 내용 가운데 답으로 쓸 만한 것이 없음을 알게 되면, 책 이 어렵다고 생각하고 과제와 멀어지려 한다. 이때 교사가 중 간중간 피드백으로 학생의 참신한 해석을 지지하면서 감상의 여러 방향을 제시하면 독서 동기가 높아진다. 학생들은 자기

단계		차시	수업 내용
전	준비	수업 전	교재 배부, 수업 안내 영상 시청
		1~3차시	수업 시간에 책 읽고 독서일지 쓰기
중	1단계	4차시	[1차 수행평가] 독서 활동 평가
	2단계	5차시	책 대화하기(글감 만들기)
	3단계	6~7차시	교사의 전체 피드백 제공
	4단계	8~9차시	[2차 수행평가] 구술평가
후	정리	10차시	[3차 수행평가] 서평 쓰기

생각을 친구들과 견주어보고, 이해하기 어려운 대목의 의미를 질문하면서 낯선 작품과 조금씩 거리를 좁혀나간다.

책 대화를 통해 이런 '진짜' 읽기가 이뤄지면, 나만의 감상으로 채우는 '진짜' 쓰기도 해낼 수 있다. 이는 서평 한 편을 완성하는 경험을 넘어, 앞으로 학생들이 펼칠 '진짜' 공부의 여정으로 나아가는 힘이 될 것이다.

함께 읽고 쓰기, 진짜 읽고 쓰기

'능숙한 학습자'로 성장하는 그룹 PT

책 읽기나 글쓰기 수업을 시작할 때면 학생들에게 수업 동기를 부여하기 위해 헬스장에서 운영하는 '퍼스널 트레이닝(PT)' 프로그램에 빗대어 설명하곤 한다. 운동이 좋은 건 알지만 무턱대고 시작하면 흥미를 잃거나 다칠 수도 있다. 이때 트레이너의 도움을 받으면 자기 근력에 맞는 운동 계획과 강도, 기구 사용법을 배우며 부상 없이 꾸준히 운동할 수 있다.

독서와 글쓰기도 같은 이치다. 중고등학생의 독서·글쓰기 동기는 과제나 평가 같은 외적인 필요가 대부분이다. 하지만 자발적이지 않더라도 과제를 해결하고 평가에 대비하는 과정에서 독서·글쓰기 활동이 충실하게 이뤄지면 학습자에게 배움과 성장이 일어난다. 그래서 잘 기획된 읽기·쓰기 수업이 필요하다. 읽기와 쓰기를 통해 스스로 배움과 성장을 확인하면 학습자의 효능감이 높아지고, 더 나아가 내적인 동기가 생겨 독서와 글쓰기를 이어가는 '능숙한 학습자'로 성장한다. 이를 위해서는 훈련을 통해 읽고 쓰는 근육을 길러야 한다.

능숙한 학습자는 개인 차원을 넘어 시의적 차원에서도 의미가 크다. 챗GPT 같은 생성형 인공지능 모델은 나날이 정교해지고 활용 영역도 확대되고 있다. 확장 속도도 매우 빨라서 인간의 고유한 능력이라고 여겼던 영역까지 도전에 직면했다. 이런 상황에서 능숙한 학습자의 가치는 더욱 빛날 것이다. 읽고 쓰는 행위는 배움을 통해 끊임없이 성장하고 창조적 역량을 발휘하고자 하는 이들이 갖춰야 할 가장 근본적이면서 핵심적인 소양이다.

그래서 학생들이 읽기와 쓰기를 통해 자신의 성장 과정을 확인할 수 있도록 수업을 설계했다. 여기에서 중요한 점은 수업 시간에 책을 읽고 글을 쓰게 하는 것이다. '수업'이라는 시공간 안에서 교사의 지도하에 책을 읽고 글을 쓰도록 하면 학생들은 '이 시간 내에 읽고 써야 한다'는 의무감을 느낀다. 여기에 수업이기 때문에 얻을 수 있는 집중도, 도서관 자료 활용, 교사·친구들과의 대화, 읽기와 쓰기에 대한 즉각적인 피드백 등을 통해 학생들은 읽기와 쓰기 과정을 스스로 점검하고 확인할 수 있다. 요컨대, 수업 시간을 활용하면 밀도 있는 읽기와 쓰기를 경험하게 된다.

물론 학생들은 '해야 한다'는 의무감만으로 교사의 의도에 따라 끝까지 움직이지는 않는다. 굳이 책을 읽고 나만의 감상을 말할 필요가 없는 요즘이다. 동화책을 읽던 유년기에는 어떤 엉뚱한 감상을 내놔도 "멋지다!" "잘했어"라며 감탄하던 부모님과 선생님이 있었다. 하지만 중고등학생이 되면 그런 반응은 사라지고 정답을 요구하는 시험 문제만 남는다. '나만의 감상은 정답이 아니다. 나만의 감상을 내놓는 것은 안전하지 않다'를 이미 경험한 학생들은 주어진 문제에 답을 외워 말하고 적으려 할 뿐, 책을 읽고 느낀 '나만의 이야기'를 내놓지 않는다.

학생들이 진짜 읽고 쓰는 수업에 참여하기 위해서는 수업 시간을 '안전지대'라고 느껴야 한다. 즉, 지금 이 교실에서 책과 관련된 것이라면 무엇이든 말하고 쓸 수 있다는 허용적인 분위기를 만들어주는 게 중요하다. 예를 들어 책 대화를 나누다가 학생의 이야기가 책에서 조금 벗어나더라도, 논리적 오류에만 집중하기보다는 그 생각의 출발점이 된 책의 장면이나 주제를 고려해 방향을 새롭게 제시하는 등의 조정을 통해 대화를 이어가게 할 수 있다.

학생들이 수업에서 안정감을 느끼면, 교사는 좀 더 높은 단계의 독서와 글쓰기를 목표로 제시할 수 있다. 과제나 평가 준비가 다소 어렵게 느껴지더라도 교사와 친구들의 도움을 받아 함께 해결하는 과정에서 '할 수 있다' '할 만하다'라는 자신감이 생긴다. 이것이 동기로 이어진다. 요컨대, '해야' 하는 것과 '할 만하도록' 하는 것의 균형이 잘 잡힌 수업 설계가 필요하다. 이런 생각을 바탕으로 다음 사항을 고려했다.

(1) '읽어야만 하도록' 작품 선정하기

우선 잘 알려지지 않은 작품을 선정하는 게 중요하다. 작품이 여러 교재의 학습 자료로 자주 소비되었거나 대중적 인기를 얻은 경우, 학습자들은 다양한 매체를 통해 정보를 얻을 수 있으므로 작품을 직접 읽지 않고도 평가 문항에 답할 수 있다. 작품을 잘 고르는 것이 독서에 충실하도록 이끄는 첫 번째 원리다.

(2) '이해할 만하도록' 안내 자료 만들기

학생들에게 수업 취지와 평가 방식을 자세히 설명할수록 서평 결과물은 좋아진다. 그래서 한 학기 동안 사용할 교재를 직접 제작해 학기 초에 배부했다. 교재에는 학기 중 실시할 수행평가의 채점 기준과 평가 문항을 모두 수록했고, 구글 클래스룸에는 교재 활용에 관한 안내 영상을 탑재해 수업에서 요구하는 독서 및 글쓰기의 목표 지점을 제시했다. 교사가 평가를 위해 묻는 지점을 미리 공개하니, 학생들의 독서와 글쓰기에 방향성이 생겼고 글 수준도 높아졌다. 글의 주제나 맥락에서 지나치게 벗어난 감상이나 논평으로 인한 채점의 피로도 역시 크게 줄어들었다.

(3) '참여해야만 하도록, 참여할 만하도록' 평가 기준 설정하기

1차 수행평가인 '독서 활동 평가'는 실제 독서 수행 여부를 판단할 수 있는 문항 위주로 구성하고, 채점 기준을 완화해 만점 도달자가 많아지도록 했다. 대신 독서 수행이 확인되지 않는 경우에는 감점이 크도록 점수 간격을 넓혔다. 책을 읽은 학생은 점수를 비교적 쉽게 얻을 수 있지만, 책을 읽지 않고는 쓸 수 없고 또 쓰지 않으면 감점이 큰 배점 설계를 통해 학생들의 참여도를 높일 수 있었다. 또 이어지는 평가에서도 참여 동기를 강화할 수 있었다.

(4) '대화해야만 하도록' 문항 설계하기

최종 서평에는 반드시 협업 과정이 포함되도록 문항을 구성했다. 학생들은 평가 문항을 미리 공개하면 활동 단계와 상관없이 미리 답안을 작성하고 이를 암기하는 과정에만 집중하기 쉽다. 이를 방지하기 위해 서평에 '모둠원 한 명 이상의 이야기를 반드시 포함한다'라는 조건을 넣었다. 책 대화를 통해 내용 생성과 조직 과정을 반드시 거치게 하고, 이를 서평에 반영하도록 한 것이다. 이것이 이번 수업에서 가장 중요한 지점이었다. 책 대화는 자기 생각을 검증하고 다른 친구의 견해를 들으며 시야를 넓힐 수 있는 활동이다. 서평의 글감을 다양하

게 확보할 수 있었을 뿐 아니라 실제로 진중하게 책 대화를 나
눈 뒤 수업 후에도 논의를 이어가는 학생이 많았다.

(5) '써볼 만하도록' 글쓰기의 구조 제시하기

마지막으로 '평評'이 갖춰야 할 논리적 구조를 학습하고 이를
따르도록 했다. 줄거리 요약과 몇 줄의 감상에 그쳤던 기존 감
상문에서 벗어나, 책 내용에 대한 자신의 의견과 이에 대한 근
거를 세워나가는 서평의 작법을 제시했다. 이를 통해 글의 형
식 요소에 대한 도달점과 명확한 채점 기준을 세울 수 있었고,
학생 글의 수준도 전반적으로 높아졌다.

　여러 교사 연수를 다니다 보면 '참 좋은 수업이다. 나도 저
렇게 해보고 싶다'라는 생각이 들 때가 많다. 그럴 때면 그 수
업 사례에 나 자신과 우리 학교 학생들을 넣어 여러 모양으로
적용·변주하며 머릿속으로 수업을 그려본다. 이렇게 새로운
수업을 고민하고 구상하는 과정에서 '좋은 수업'의 그림을 가
지게 된다.
　좋은 수업에 대한 그림은 당연히 교사마다 다르다. 한 학년
을 두 명 이상의 교사가 담당하는 규모의 학교에서는 이런 다
채로움을 맞대고 나눠 접점을 찾아야 한다. 교과협의회, 교원

학습공동체 등 여러 수업 연구 모임을 통해 나눈 것들을 교실 현장으로 옮겨오는 모범적인 사례도 있다. 하지만 서로의 차이를 좁히지 못해 교실에서 펼쳐지지 못하고 동력을 잃거나, 고군분투 끝에 '다시는 이 수업 못 하겠다!'라고 선언하는 슬픈 결말을 맞이하기도 한다. 실제로 수업 나눔 모임에 가보면 수업 사례만큼이나 동료 교사를 설득하는 방법, 학생·학부모 민원에 대응하는 방법을 궁금해하는 교사도 많다.

참신하고 혁신적이지 않은 스타트업 창업 기획서는 없다. 하지만 투자 유치에 성공하는 기업은 많지 않다. 마찬가지로 수업 기획서가 아무리 좋아도 그 이유를 동료 교사나 학생들에게 설명하지 못하면 소용없다. 자신이 기획한 수업에 자신의 시간과 노력을 들이는 건 성패와 관계없이 의미가 있다. 하지만 동료 교사들의 시간과 노력, 그리고 학생들의 1년은 함부로 투자할 수 없는 귀한 것들이다.

학교마다 상황이 다르겠지만, 우리 학교에서는 주당 네 시간인 수업을 A(세 시간)와 B(한 시간)로 나눴다. A에서는 교과서 수업, B에서는 교사 한 명이 한 학년 전체 학급에서 '한 학기 한 권 읽기 및 서평 쓰기' 수업을 전담하는 방식으로 학기 운영 계획을 세웠다. 이렇게 하니 지필평가 일정에 따른 교과 진도 운영에도 부담을 덜 수 있었고, 학년 전체를 담당하면서 수업 운영과 수행평가의 일관성도 확보할 수 있었다.

수업을 진행하다 보면 '이게 맞나?'라는 생각으로 머리가 복잡해지기도 한다. 그럼에도 서평 쓰기 수업을 계속 밀고 나갈 수 있었던 이유는 학생들이 읽고 쓰는 과정을 통해 성장하는 모습을 확인했기 때문이다. 수업 이유를 찾는 것도 수업 설계만큼 중요하다. 이유를 발견하니 용기가 생겼고, 용기가 생기니 나아갈 수 있었다. 이렇게 준비를 마치고 드디어 학생들을 만날 시간이 되었다.

[수업 전] 여러분을 '글짱'의 길로 안내합니다!
친절하고 자세하게, 이유를 알면 동기가 생긴다

1학년, 3월의 첫 수업은 긴장감이 자못 역력하다. 비평준화 지역의 내신 따기 어렵다는 평판에도 이 학교에 진학하기로 결심한 신입생들의 결의가 첫 수업 분위기에서 여실히 느껴진다.

"일주일에 한 시간 국어B 수업에서는 한 학기 동안 책을 읽고, 대화하고, 글을 쓸 거예요."

교사의 수업 소개에 학생들은 다양한 반응을 보였다. 내가 근무한 10년 동안 우리 학교에서 '한 학기 한 권 읽기 및 서평 쓰기’ 형태로 수업이 이뤄진 적이 없었으니, 선배들이나 학원을 통해 들은 정보는 무용지물이었다. 그래서인지 미처 예상치 못했다는 반응이 대부분이었다. 뒤이어 평가 방식에 관한 질문이 쏟아졌다.

활동형 평가를 진행하려 할 때 교사가 가장 어려움을 겪는 점은 평가의 객관성과 관련한 학생·학부모의 민원이다. 실제로 이 때문에 활동형 평가가 교과협의회 문턱을 넘지 못하기도 한다. 수업 사례 발표 연수에 가보면 교사마다 이를 해결하는 나름의 방법을 가지고 있다. 정답은 없지만, 이유를 찾으면 방법도 찾을 수 있다. 평가를 둘러싼 어려움을 줄이려면 학생이 느낄 만한 모호함이나 불안감을 없애주는 게 최선이다. 이를 위해 평가 기준을 친절하고 자세하게 안내하고자 했다.

먼저 자체 교재를 제작해 전교생에게 배부했다. 교재에는 수업 목적, 지정 도서와 작가 소개, 학기 동안 진행할 활동 양식 및 평가 문항, 채점 기준, 그리고 지정 도서와 작가에 관한 읽을거리(평론, 논문) 등을 수록했다. 또 교재 설명이 담긴 동영상을 제작해 각 학급의 구글 클래스룸에 탑재했다. 이를 통해 학생들은 한 학기 동안 수업이 어떻게 진행되는지, 언제 무엇을 어떻게 평가하는지 수시로 확인할 수 있었다. 매번 수업할 때 교사의 안내와 학생들의 질문 시간을 줄일 수 있어서 주당

한 시간 수업의 숨 가쁜 진행에 큰 도움이 되었다.

우리 교재의 이름인 'Arete(ἀρετή, 아레테)'는 수업의 제목이자
목적입니다. '탁월함, 덕德' 정도로 해석하는 이 단어는
고대 그리스 철학에서 중심적으로 다뤄진 주제였습니다.
아리스토텔레스는 인간 존재의 본성 속에 아레테가 있으며, 이를
이성적 활동을 통해 실현하는 것이 '행복'이라고 말했습니다.
모든 인간이 구체적인 삶 속에서 자신만의 고유한 탁월함,
즉 아레테를 실현하는 것이 곧 행복이라는 그의 생각을 통해
'공부'의 목적을 생각해봅니다. 고유한 존재로서의 자신을
이해하고, 이를 바탕으로 수많은 지식 중 자신을 가장 잘 표현할
수 있는 지식을 찾고, 보고 듣고 말하고 쓰며 얻은 것을 자기
성장의 자양분으로 담아가며 나의 아레테를 찾아가는 여정이
바로 '인문사회교육'으로 명명한 우리의 '공부'가 가진 목적이자
고민의 제목입니다.

- 교재 머리말 중에서

이 수업을 진행하면서 느낀 점 가운데 하나는 학생들이 자
기표현 욕구는 크지만 그 방법을 제대로 연마하지 못했다는
것이다. 좋은 글귀나 사진, 노래 등에는 '좋아요'나 '공유하기'

를 적극적으로 누른다. 하지만 그것이 왜 좋은 작품인지 자기 생각을 표현하라고 하면 단편적인 감정 단어만 던지거나, 자기 생각과 비슷한 다른 글이나 영상 클립을 스크랩하고 이를 자기 것으로 여기는 경향이 있다. 답을 고민하기보다 정답(이라고 여겨지는 것)을 검색해 빨리 찾는 것이 문제 해결 방법이라고 생각하기 때문일 것이다. 하지만 이건 우리 수업에서는 '가짜'라고 못 박았다.

힘겨워하는 회원들에게 "하나 더!"를 외치는 PT 트레이너처럼, 학생들이 읽고 말하고 쓰는 과정을 힘들어할 때 했던 여러 말 가운데 가장 효과가 있었던 것은 "너만의 고유한 글이 가장 탁월한 글"이라는 응원이었다. 작가가 작품 속에 숨겨놓은 정답을 찾는 게 아니라 '내'가 느낀 감상을 정답으로 만들기 위해 작품 속에서 근거를 찾아보는 것, '나'의 생각과 타인의 생각을 맞대어보며 정반합의 과정을 통해 사고의 시야를 넓히는 것. 이것이 탁월함을 기르는 과정이며, 진정한 의미의 공부라는 점을 수업 중에도 여러 번 강조했다.

"온전히 네 힘으로 적어낸 한 편의 글을 만나게 될 거야."

나는 학생들에게 이렇게 약속했다. 온전히 '나'의 이야기로 채워진 서평 한 편을 쓰기 위해 어떤 과정이 필요한지 배우게 될 것이며, 학기 말에는 '나만의 글'을 만나게 될 것이라고. 교재 머리말에 적어놓은 저 '공부'의 과정이 허세 가득한 이야기가 아니라 실제로 성장의 자양분을 담아가는 길임을 수업을 통해 보여주고 싶었다. 이런 다짐과 응원을 전하며 1차시 수업을 시작했다.

[1~3차시] 낯선 작품과 만나기
책 읽고 독서일지 쓰기, 생각의 흔적을 남기는 시간

'한 학기 한 권 읽기' 수업 사례를 보면, 대부분 교사가 수준별·분야별로 책 목록을 만들고 학생들이 책을 선택하도록 한다. 하지만 우리 수업에서는 지정 도서를 한 권으로 정했다. 내신 경쟁이 치열하고 성적 민원이 잦다는 점에서, 교사가 수업 장악력을 높이고 도서 간 난이도 차이 등에 따른 민원 소지도 없애기 위함이었다.

작품을 선정할 때 고려한 점은 크게 두 가지였다. 첫째는 '호흡'이다. 하나의 이야기를 여러 차시에 걸쳐 읽으면 몰입이 끊어지기 쉽기 때문에, 한 차시에 다 읽을 수 있는 분량의 작품을 택했다. 최인호 작가의 《이상한 사람들》은 세 편의 단편을 묶은 소설집으로, 각 단편의 길이가 적당하고 어휘나 문장도 어렵지 않아 학생들이 각각 한 시간의 호흡으로 완독하고 독서일지 작성까지 하기 좋았다.

둘째는 '해답지가 없어야 한다'는 점이었다. 작품이 우화 형식이다 보니 학생들의 다양한 해석과 논의가 있었다. 그런데 만약 참고서처럼 이 소설을 해석해놓은 자료가 시중에 있었다면 다양한 논의가 어려웠을 것이다. 해답지가 없었기에 온전히 책에서 서평의 글감을 만들어내는 활동이 활발하게 이뤄질 수 있었다.

학생들은 세 차시 동안 세 편의 독서일지를 작성했다. 독서일지에는 마음에 들거나 중요하다고 생각한 문장과 그 이유, 책을 읽으며 떠오른 것 등 독서와 관련된 내용을 자유롭게 남기게 했다. 작성 형식도 글, 그림, 마인드맵 등을 다양하게 활용할 수 있게 했으며, 자료 검색이나 친구들과의 논의에도 제한을 두지 않았다. 학생들은 다양한 방법으로 자신의 독서 내용을 일지에 담았다.

독서일지는 반드시 수업 시간 내에 작성하고 제출하게 했다. 독서일지 자체를 평가 점수에 반영하지는 않았지만, 이후 수행평가의 참고 자료가 되도록 했다. 교사가 세 편의 독서일지를 수합해 검토 후 보관했다가 4차시의 '독서 활동 평가' 당일에 나눠줬다. 독서 활동 평가는 말 그대로 책을 잘 읽었는지 확인하는 평가로, 문항에 부합하는 답안을 쓰면 대부분 만점을 줄 것이라고 안내했다. 따라서 일지 작성에 너무 매달리기보다는 책에 관한 다양한 질문을 만들어보며 자기 생각의 흔적을 남기는 것이 더 중요함을 강조했다.

1학년 전체 470여 명 가운데 이 책을 소장하고 있었던 학생은 단 한 명뿐이었다. 그마저도 읽어본 것은 아니었으니 모두에게 공평하게 낯선 작품이었다. 게다가 세 단편은 모두 우화 형식을 띠고 있어 인물의 행동이나 사건 전개가 현실적이기보다는 일련의 상징 체계를 통해 주제를 전달하는 경향이 뚜렷했다. 이런 낯선 작품을 만나게 된 학생들의 첫 읽기 수업 시간은 물음표와 한숨의 연속이었다. 핸드폰이나 태블릿으로 책과 작가, 주인공 이름 등을 검색하고 웹페이지를 뒤적거리는 학생이 많았다. 물론 학생들에게 미리 일러뒀다. 딱히 소용없을 거라고.

"선생님, 진짜 아무것도 없네요!"

진짜 아무 자료도 없다는 것을 알게 된 학생들은 그제야 책으로 눈을 돌렸다. 이제 방법은 직접 읽는 것뿐이다. 읽기를 시작하자 질문이 쏟아졌다.

"아빠 이름은 노마이고 아들 이름은 작은 노마라는데, 이건 무슨 의미예요?"

"말이 안 되는 게 너무 많아요. 왜 나무 위, 사다리 위에서 자는 거예요?"

"동그라미를 그려놓고 여기가 자기 집이라고 하는 주인공은 그냥 미친 사람 아녜요?"

"집을 철거하고 받은 보상금이 우유, 식빵, 건어물, 우표 한 장을 살 수 있는 정도라는 게 말이 안 되는 거 같아요."

이 질문들에 대한 내 대답은 하나였다.

작가는 왜 그런 인물, 행동, 사건, 소재를 소설 속에 담았을까요?

그리고 이것을 통해 작가가 하고 싶은 말은 뭘까요?

첫 시간에 독서일지를 가득 채워 제출한 학생은 손에 꼽을 정도였다. 쓰기 능력이 떨어지거나 소설 내용을 이해하지 못해서가 아니다.

"쌤! 이렇게 써도 돼요?"

"쌤! 이거 맞아요?"

학생들이 가장 많이 했던 말이다. 뭔가 어색한 것이다. 자기가 쓴 이야기가 정답이 아닌 것 같아 일지에 적는 게 어색하고, 혹시 틀릴까 봐 두려워서 교사에게 자꾸 확인받으려는 태도였다. 독서일지는 성적에 반영하지 않는다고 했는데도 말이다.

"여러분 답은 다 100점이에요! 근데 이렇게 쓰고 마음이 편해요?"

대학 시절 교수님이 자주 쓰시던 표현이다. 그때는 잘 몰랐는데 교사가 되고 나니 이 표현의 의도를 조금은 알 것 같다. 답지의 마침표는 내가 아니라 네가 찍어야 한다는 것. 그러니 네 생각과 글에 의문을 해소하고 마침표를 스스로 찍을 수 있을 때까지 더 고민하고 다듬어야 한다는 뜻이다.

차시가 지날수록 독서일지 내용이 풍성해졌다. 무엇보다 소설 속 인물이나 사건을 표면적으로 바라보던 것에서 벗어나, 맥락을 고려해 상징적 의미를 추론하기 시작했다는 점에서 성장이 보였다. '클리셰' '원형적 상징' '종교적 상징' 같은 단어들이 등장하기도 했고, 주인공의 이름, 대화, 행위의 의미를 독창적으로 해석하는 학생들도 있었다.

"노마라는 이름은 '이놈아, 저놈아' 할 때의 '노마'를 의미하는 것 같아요. 어떤 특별한 인물이 아니라 우리 모두의 이야기라는 작가의 메시지 아닐까요?"

칭찬하지 않을 수 없는 해석이다. 이 해석을 소개하자 학생들도 감탄하며 고개를 끄덕였다. 이렇게 생각하게 된 근거를 소설의 주제와 잘 연결한다면 만점짜리 이야기라고 조언했다. 이처럼 독서일지 가운데 좋은 감상이나 해석의 예시, 더 보완할 점에 대해 전체 학생과 공유하는 '독서일지 피드백'을 수업 시작 때 5분 정도 진행했다. 맞고 틀림을 판단하는 게 아니라 소설을 더 잘 읽는 방법을 제공하는 것이다.

고등학생 수준에서 어렵거나 낯선 철학적·역사적 이론이나 상징 체계가 나오면 쉽게 풀어서 설명해줬다. 그러면 소설을 해석하는 눈이 더 넓고 깊어진다. 아는 만큼 보이기 때문이다. 같은 맥락으로 작가 최인호의 연보와 관련해 이 작품의 창작 시기와 맞물린 작가의 생애, 작품 세계의 변화, 문단의 평가 등을 자료로 제공하기도 했다. 학생들에게서 가장 많이 보이는 소설 해석을 소개하고, 우화의 독법이나 해석의 논리적 타당성 등을 짚어주면서 첨삭 지도 효과도 볼 수 있었다.

낯선 소설에 부딪혀본 후 듣는 피드백이라 학생들의 집중도와 이해도가 무척 높았다. 학생들은 인물이나 소재를 주제와 연관 짓는 방법, 자신의 감상이나 비평에 소설 속 내용을 근거로 잇대는 방법 등을 들으며 자신의 답을 만드는 법을 조금씩 익혀갔다.

[4차시] 생각을 가지런하게, 독서 활동 평가

글감 길어 올리기, 논리적 사고 능력 키우기

'독서 활동 평가'는 지금까지의 독서 활동 충실성을 평가함과 동시에, 앞으로 이어질 책 대화, 구술평가, 서평 쓰기에서 활용할 글감을 고르고 가지런히 정리하는 활동이다. 총 여덟 개 문항 가운데 네 개는 필수 작성, 나머지 중 하나를 선택해 총 다섯 개 문항을 작성한다. 국어 교과서에 수록된 독서 활동이나 전국국어교사모임 '물꼬방' 자료실에 도움이 될 만한 내용이 많았다.

문항은 교재에 미리 공개했고, 독서일지 피드백이나 질의응답 등을 통해 여러 차례 지도 활동이 있었으므로 평가지 작성에 어려움을 겪는 학생은 많지 않았다. 문항에 부합하는 답안이면 대부분 만점을 줄 것이라고 공지했기에 백지 답안도 거의 없었다.

수업 내내 "책과 관련되어 있다면 무엇이든 좋다"라고 반복해 말했다. 정답을 맞혀야 한다는 부담보다 자기 생각을 자유롭게 펼치기를 바라는 마음에서다. 실제로 책과 전혀 관련이 없거나 문항에서 묻는 요소에 대한 답변이 없는 경우가 아니면 감점하지 않았다. 여기에 성취도별 점수 차이를 크게 벌려서 잘 읽은 학생에게는 관대함을, 그렇지 않은 학생에게는 엄격함을 느끼게 했다.

학생들이 독서일지에 적은 내용은 아무래도 거칠다. 처음 보는 소설이었기에 느낌이 단편적이고 근거도 부족하다. 작성 시간이 짧았던 탓에 논리도 약하다. 수업 후에 새로 떠올랐으나 일지에 미처 적지 못한 생각도 있고, 친구나 교사의 피드백을 반영해 수정하고 싶은 내용도 있을 것이다. 이번 평가는 그런 생각들을 가지런하게 정리하는 것이다.

'생각들을 가지런하게 정리한다'는 말은 글감을 선별한다는 의미이면서, 책을 읽으며 떠오른 생각의 이유를 찾아본다는 의미이기도 하다. 대부분 평가 문항에 '그렇게 생각하는 이유를 자세히 적으세요'라는 지시문을 넣었다. 자기 생각의 근거를 책에서 찾는 일은 앞으로 이어질 책 대화와 서평 쓰기의 기본임을 강조하기 위해서다. 또 이는 말과 글의 코어 근육, 즉 '논리적 사고 능력'을 키우는 과정이기도 하다. 생각나는 대로만 적은 독서일지가 감상문도 서평도 되지 못하는 이유는 논리가 부족하기 때문이다. 논리가 바로 서야 양질의 책 대화가 가능하고, 서평에도 설득력이 생긴다.

독서 활동 평가는 현재 학생의 논리적 사고 능력이 어느 정도인지를 측정하고, 이를 기르기 위해 어떤 처방이 필요한지 파악하는 일종의 '진단평가'다. 따라서 이 평가의 결과물은 이후 수업과 개별 첨삭 지도의 근거가 될 뿐 아니라, 학기 말의 서평 결과물과 비교해 학생의 읽기와 쓰기가 얼마나 성장했는지 가늠하는 기준점으로 활용할 수 있다. 이런 점에서 독서 활동 평가는 이 수업을 학기 말까지 이끌어가는 데 매우 중요한 사전 작업 단계다.

40분 동안 다섯 문항을 작성하면서 마지막 1분까지 학습지를 빼곡하게 채우는 학생들의 모습이 예쁘면서도 안쓰러웠다. 종이 울림과 동시에 "아…" 하고 장탄식을 내뱉으며 펜을 잡던 손을 허공에 흔드는 모습, '이거 너무한 거 아니냐'는 듯한 원망스러운(?) 눈빛으로 교사를 바라보는 표정들에 웃음이 나면서도 미안했다. 이런 학생들의 노력에 화답하는 길은 교사가 좋은 독자가 되어주는 것이다.

4월 말 중간고사 이후부터 5월 초 학교 행사 기간에는 수업 시수가 불규칙하다. 요일별, 학급별로 시수 편차가 많게는 세 시간까지 나기도 해 탄력적인 수업 진행이 필요했다. 구술평가와 서평 쓰기까지는 3주 정도의 여유가 있다. 그 사이에 학생들이 제출한 글을 모두 읽고 개별 피드백을 하려면 시간이 빠듯하다.

서평 글감 및 책 대화거리 만들기

1. 여덟 개 항목 중 필수 항목(앞면)은 모두 작성, 선택 항목(뒷면)은 한 문항만 골라 작성하세요. (총 다섯 문항 작성)

2. 3주간 작성했던 독서일지 세 편과 책 《이상한 사람들》은 자유롭게 참고할 수 있습니다.

3. 독서일지에 적은 것 이외의 내용도 자유롭게 작성할 수 있습니다.

4. 줄거리 설명은 최소한으로 하며(30퍼센트 미만), 문항당 글자 수는 반드시 200자 이상 작성하도록 합니다. (띄어쓰기 미포함)

5. 서평 및 책 대화거리 만들기와 관련 없는 내용, 그림이나 기호 등은 채점하지 않으며, 글자 수에도 포함되지 않습니다.

6. 평가 시간은 40분이며, 반드시 검은색 볼펜으로만 작성합니다.

7. 칸이 모자라면 뒷장(선택 문항의 답 칸)의 빈 자리에 이어서 적되, 이어 적는 문항 번호를 표시하고 적도록 합니다.

1. 명장면 명대사(1): 가장 기억에 남는 장면이나 대사를 적습니다. 그 장면과 대사가 어떤 상황에서 나온 것인지를 설명합니다. 그 장면이나 대사가 나에게 왜 감동적이었는지 이유를 자세하게 적습니다. (필수 항목)

늘 자신의 집을 갖고 싶어 했던 '작은 노마'가 우여곡절 끝에 얻은 작은 집을 얼마나 소중히 여기는지 보여주는 대사가 있다. "할아버지는 자신의 집 마당에 나팔꽃도 심고 엉겅퀴도 심었다. 그는 배추도 한 포기 심었으며, 아주 작은 채송화 두 그루도 심었다"이다. 남들 눈에는 작고 이상한 집이지만, 작은 노마는 그것을 무엇보다 크고 소중하게 여기며 가꾸면서 커다란 행복을 누렸다. 그래서 나도 내가 속한 곳이 남들에 비해 작고 보잘것없을지라도, 내 집과 내가 속한 곳, 더 나아가 나 자신을 소중하게 여길 수 있다는 뜻깊은 생각을 하게 되었다. 이처럼 나의 존재 가치를 바라봐주고 어루만져주는 이 대사는 내 마음에 큰 위안이 되어 감동적으로 기억에 남는다.

"그리고 그는 절뚝거리며 이제 막 심은 포플러나무의 외가닥 줄기를 뛰어넘었다"이다. 주인공은 늙고, 가족도 없어지고, 다쳐서 그의 등처럼 굽어버린 삶을 살아가고 있다. 하지만 매일매일 반복되는 포플러나무 뛰어넘기를 통해 그 아픔을 잊고 뛰어오르는 모습을 보여준다. 이런 주인공의 모습이 현재 내가 살아가는 삶에 큰 울림을 줬다. 나 역시 여기저기 부딪혀서 멍이 들고 눈물이 나지만, 조금씩 나무를 뛰어넘어 더 높은 곳으로 갈 수 있다는 희망을 얻었다. 주인공의 모습을 통해 내가 앞으로 어떻게 살아가야 할 것인가에 대한 원동력을 찾게 되었다. 가장 작게 뛰지만 가장 크게 뛰는 주인공처럼, 나도 내 마음 한 켠에 더디게 자라는 나무 한 그루를 심어 성장하고 싶어졌다. 이 책은 나의 삶에 큰 힘과 방향성을 줬다.

〈침묵은 금이다〉에서 주인공은 "인간이 원래 바람과 어둠, 꽃과 물, 새와 개미와 소통하고 서로 마음을 나눌 수 있었지만 '말'을 배움으로써 이들과의 관계가 베어졌다"라고 했다. 나도 주인공의 대사처럼 사람들이 시간이 지날수록 살아가면서 자기를 위한 삶을 살아가며 서로를 연결해주는 마음의 문을 닫고 거짓된 말을 하고 있다고 생각하게 되었다. 주위를 돌아보면 사람들은 따뜻한 인정과 눈길 없이 차디찬 발걸음만 바삐 움직이고 있다. 내가 주인공이라면 처음에는 저 사회의 사람들같이 되고 싶지 않아 계속해서 저 사람들과 다른 생각들을 해내고 다른 사람들이 하지 않는 선택을 하고 이타적이며 관용적인 삶을 살고 싶었고 노력했을 것 같다. 하지만 결국 시간이 흘러 어른이 될수록 작품 속의 사람들처럼 내가 속한 사회의 사람들도, 나도 거짓된 '말'을 하는 사람이 되어버릴지도 모르겠다.

4. 왜 썼을까?: 이 책의 내용과 주제를 간단하게 정리해보세요. 그리고 최인호 작가는 이 책을 왜 썼을지 추측해 적어주세요. 단, 추측의 근거가 책 안에 있어야 합니다. 그리고 저자에 대한 자기 생각을 자유롭게 적어보세요. 저자의 생각에 동의해도 좋고, 비판해도 좋습니다. (필수 항목)

이 책은 '이상하지만 이상하지 않은 사람들의, 이상하지만 이상하지 않은 꿈들'을 그리고 있다. 등장인물들을 보면 모두 다른 사람이 보기에는 '이상하다'고 생각되는 꿈을 꾸고 이루기 위해 노력한다. 하지만 그들의 마음속에서 들여다봤을 때는 그들은 누구보다 강한 열망과 의지, 그리고 다른 사고방식과 생각으로 누구보다 '합당한' 꿈을 가지고 있다. 나는 최인호 작가가 이런 인물들을 통해 서로의 존재 가치를 품어주는 사회를 독자에게 보여주고 싶어 했던 것 같다. 다른 사람이 보기에 이상하고, 작고, 먼지 같은 그들이지만 누구보다 치열하게 자신의 존재 가치를 끌어안으며 나아가고 있기 때문이다. 나도 작가가 만든 소설 속 이야기처럼 사람들을 따뜻하게 바라보고 마음의 문을 연 상태로 바라보고 그들을 품고 싶다고 생각하게 되었다.

〈선택 항목〉 5~8번 문항 중 하나만 선택해 작성하세요.
(선택한 문제 번호에 O를 표시하고, 아래에 답안을 작성하세요)

5. 첫 느낌과 나중 느낌: 책《이상한 사람들》을 처음 봤을 때 느낀 점을 적어보세요. 제목이나 책 표지, 삽화 등을 보고 느낀 바를 적고, 책의 내용과 어떤 관련이 있는지 구체적으로 살펴서 적어봅시다. 책을 다 읽은 뒤 첫 느낌이 변했다면 무엇 때문인지 적어보세요.

6. 책과 관련된 경험: 책의 내용과 비슷한 경험이 있다면 구체적으로 적어
   봅시다. 책의 내용을 자세하게 설명하고, 관련된 자기 경험을 적습니다.
   (자신이 겪지 않았더라도 친구나 가족, 어디선가 들어본 이야기도 괜찮아요)

7. 다른 매체와 연계: 책을 읽으면서 떠올랐던 다른 책이나 TV 프로그램, 뉴
   스, 신문 기사, 영화, 음악, 인터넷 정보 등이 있으면 그 내용을 적어봅시
   다. 그리고 그것들이 책의 어떤 부분과 닮았는지 자세하게 설명해주세요.

8. 내가 작가라면?: 작품 속에서 바꾸고 싶은 대사, 장면, 설정이 있다면 적
   어주세요. 작가의 의도를 추측해보고, 나라면 어떻게 바꾸고 싶은지 그
   이유를 자세하게 적어주세요.

[5번] 책《이상한 사람들》의 노란색 표지에 눈길이 갔다. 그리고 표지 가운데에는 작은 할아버지가 노란색 하늘을 날고 있는 삽화가 있었다. 노란 바탕의 하늘, 그 하늘을 나는 할아버지도 그저 이상하다고 생각하며 책을 펼쳤다. 책을 읽은 후 원래는 그저 이상하고 어지러운 느낌만 주던 노란색 표지가 책 안에 있는 모두를 품어주는 따스한 햇살이 가득한 하늘이라고 생각하게 되었다. 그 따뜻한 하늘을 나는 할아버지의 미소를 발견했을 때는, 주인공 할아버지가 누구보다 행복해 보였다. 처음에는 이상하게 생각되어 밀어내고 싶었던 그 책 속에 들어가서 나도 저 따뜻한 하늘에서 누구보다 이상한 사람이 되어 책 속 주인공들을 따뜻하게 품어주고 싶다고 생각하게 되었다. '작은 노마'의 작은 집, 작은 채송화 두 그루, '절름발이 할아버지'의 작지만 높은 포플러나무, '신기료 장수'의 낡은 구두를 고치는 손을 떠올리며, 나도 그들의 삶 속에서 그들만의 가치를 알아내고 나의 삶 속에서 나의 가치를 알아낼 것이다.

[5차시] 책 대화로 깊고 넓어지기

5월의 하늘 아래, 삼삼오오 대화의 시간

5월의 시작. 입학 후 첫 정기 고사를 마치고 고등학교의 첫 성적을 마주했다. 좋은 내신 등급 받기가 예상보다 훨씬 어렵다는 푸념과 함께 여기저기 모여 앉아 이런저런 걱정에 잠기는 걸 보면 염려가 되다가도, 체험 활동 장기자랑 준비와 체육대회 연습으로 아침저녁마다 뛰어다니는 아이들을 보면 다행스럽고 고마운 마음이 든다.

시험을 치른 후 첫 시간은 교실에서 벗어나 즐겁고 편안하게 대화하는 수업을 진행해보고 싶었다. 학기 초에 5월 첫 수업은 야외 수업을 하겠다고 예고했다. 바로 '책 대화하기' 수업이다. 모둠을 짜고 역할을 분담해 중간고사 전에 각 학급에 게시했다. 그리고 시험 기간 내내 제발 날씨가 도와주기를 빌었다. 다행히 야외 수업 주간에 날씨가 내내 좋았다. 맑은 5월 하늘 아래에서 15개 학급 모두가 야외 책 대화 수업을 진행할 수 있었다.

모둠 편성은 무작위로 하되, 학생의 성향이나 학생 간 관계를 고려해야 할 경우에는 조금씩 조정했다. 모둠별 책 대화 활동은 결과물 자체를 평가하지 않았기 때문에 모둠 편성에 따른 유불리 문제 등으로 민원이 있지는 않았다.

다만 학생들이 담당 역할에 따른 부담을 느낄 수도 있다. 이를 최소화하기 위해 교재에 대화 진행 규칙과 순서를 수록했고, '네이버 클로바노트' 활용 방법을 안내해 회의록 작성이나 편집 부담을 줄였다. 대신 비교적 부담이 적은 돗자리 준비와 호응 담당에게는 "책 대화의 성패가 너희에게 달렸으니, 책임을 다해 호응할 것을 명한다"라며 너스레를 부렸다. 실제로 호응 담당 학생들이 열심히 친구들을 웃기며 분위기를 띄워준 모둠일수록 대화 내용도 좋았다. 늦봄의 하늘과 햇살 아래 책을 펴들고 도란도란 이야기를 나누는 학생들의 모습이 참 예뻤다. 감사한 순간이었다.

그런데 '자유로운 대화'와 '활발한 대화'는 얼핏 비슷해 보이지만 실제로는 다르다. 자유롭게 대화하라며 참여자의 자발성에만 기대면 토의가 표류하기 쉽다. "자, 이야기해보자!"라거나 단순히 돌아가면서 발언하는 식으로 진행하면, 탁월한 답변 하나가 나오는 순간 나머지가 입을 닫아버리기도 한다. 책 대화의 목적은 단순히 좋은 글감을 찾는 데 그치지 않는다. 서로의 다양한 시각을 공유하며 책을 보는 눈을 키우고, 작품을 입체적으로 감상할 수 있게 하기 위함이다. 이를 위해서는 모둠원 모두가 각자의 감상을 꺼내놓을 수 있도록 책 대화의

책 대화하기(5월 첫째 주) 수업 안내

- 다음 주 수업은 화록동산 '청해 공간'(무대처럼 되어 있는 곳)으로 모입니다.
- 독서 교육 교재 《Arete》 27쪽의 책 대화 안내를 꼭 읽어보고 오세요.
- 책 대화 녹음을 위해 '네이버 클로바노트' 앱을 설치하고 오는 것을 권장합니다.
- 모둠별 상황에 따라 역할 분담은 서로 논의해 바꿀 수 있습니다.
- 책 대화는 평가하지 않습니다. 하지만 양질의 대화는 앞으로 이어질 서평, 구술평가 활동에 큰 도움이 될 수 있습니다. 성실하게 참여해주세요.
- 비, 미세먼지 경보 등 외부 활동이 불가할 경우 도서관으로 모입니다.
- 햇빛이 강할 수도, 바람이 세게 불 수도, 추울 수도 있습니다. 상황에 맞게 각자 준비해서 나옵시다.
- 간단한 간식은 얼마든지 나누면서 해도 좋습니다. (주객전도 주의! 책 대화에 집중!)

모둠	사회자 (이끎이)	녹음, 공유	파일 업로드	호응, 돗자리
1				
2				
3				
4				
5				
6				
7				
8				

책 대화하기

1. 사회자(이끎이)가 대화 순서에 따라 진행하고, 녹음(네이버 클로바노트) 및 녹음 파일 업로드 담당 두 명, 녹음 내용 정리 담당 및 파일 업로드 담당 두 명을 정합니다. 남는 인원은 호응 담당으로 하겠습니다.

2. 말하는 내용이 책의 어느 부분과 연관되는지 구체적으로 설명해가면서 이야기해야 합니다. 그래야 대화가 책 내용과 동떨어지지 않고 깊어질 수 있습니다.

3. 녹음 담당 학생은 핸드폰(네이버 클로바노트)으로 녹음하고, 해당 파일을 안내에 따라 올립니다. 클로바노트는 녹음 내용을 텍스트로 기록해줍니다. 정리 담당은 이를 수정·보완하고 마찬가지로 교사 안내에 따라 파일을 올립니다.

4. 대화할 때 녹음을 신경 쓰다 보면 말을 의식적으로 천천히 하기도 하고 옆 모둠과 목소리가 섞이지 않을까 걱정하기도 하는데, 신경 쓰지 말고 대화에 집중하세요. 녹음 파일과 텍스트 파일을 잘 비교해서 보겠습니다.

5. 대화가 매끄럽고 내용 있게 되려면 상대방을 배려하는 태도가 필요합니다. 말하는 사람은 듣는 친구들과 눈을 맞추고, 듣는 친구 역시 말하는 사람과 눈을 맞추며 상대방이 무슨 말을 하는지 진지하게 들으면서 자신이 할 이야기를 준비하세요. 상대방을 생각하며 참여해야 대화가 깊어집니다.

6. 한 사람이 말을 너무 많이 하거나, 특히 두 사람만 논쟁을 이어갈 때 사회자가 판단해야 합니다. 만약 두 사람 사이에 오가는 대화가 깊이가 있고 들을 만하다면 그대로 두고, 감정이 상해 비슷한 말만 되풀이된다면 이야기를 끊으세요. 누군가 더 많이 말할 수는 있지만 지나치지 않도록 사회자가 적절하게 조정해야 합니다.

1	가장 기억에 남는 장면이나 대사를 설명하고 이유 말하기 "소설 내용 중 가장 인상적인 이야기는 무엇이었나요? 그 이유는?"
2	인물 중 한 명을 골라 공감, 비판, 평가하기 "소설 속 ○○은 왜 그랬을까요? 전 이렇게 생각해요. 이렇게 평가해요."
3	책 내용과 비슷한 세상일, 사람, 경험 찾기 "이 내용은 마치 ○○와 비슷한 것 같아요. 제가 경험한 ○○와 같아요."
4	모둠원 각자 책에 관한 질문을 하나 만들고 답하기 질문을 만든 사람이 먼저 답하고, 나머지 모둠원도 답해보세요.
5	작가가 세상 사람들에게 무슨 말을 전하려 했는지 이야기하기 "작가는 이 작품을 통해 ○○을 전하고 싶었던 것 같아요. 그렇게 생각한 이유는~."

✦ 풍성한 책 대화를 위한 Tip!

"시작해볼까?" "네 생각은 어때?" "그 이유는?"
"좀 더 구체적으로 말해줄래?" "네 말은 ~라는 거야?"
"내가 보기에는~" "근거를 들어줄 수 있을까?"

사회자가 아니더라도 위와 같은 말들을 하면서 대화해보세요. 어떤 질문에 대해 돌아가며 각자 생각하는 것만 말하고 끝나면, 그것은 대화가 아니라 '모둠 내 발표'입니다. '티키타카'를 해야 대화입니다.

규칙과 순서를 미리 명료하게 제시하는 것이 좋다.

혹시 책 대화 활동을 점수화하지 않으면 학생들의 참여도가 떨어지지 않을까 걱정할 수 있다. 실제로 우리 수업에서도 대화가 원활하게 이뤄지지 않는 모둠이 있었고, 제시한 대화 순서를 반도 하지 못한 모둠도 있었다. 그렇다고 해서 시간 내에 대화의 결과물을 만들어 제출하는 것이 목적이 되면, 논의의 다양성보다는 그럴듯한 답을 만들어내는 데만 몰두하게 된다. 이는 책 대화 활동의 의미를 퇴색시킨다. 따라서 '점수 획득이 아닌' 다른 동기 부여 방법을 찾아야 했다.

그래서 오늘의 책 대화에서 나눈 모둠원의 이야기가 반드시 최종 서평에 담기도록 했다. 이렇게 하면 학생들은 다른 친구들의 이야기를 귀담아들을 수밖에 없다. 서평 쓰기 평가의 모든 문항도 교재에 이미 공개했기 때문에, 학생들은 논의가 깊을수록 자신의 서평이 좋아진다는 점을 알 수 있다. 책 대화가 진행되는 동안 교사가 각 모둠을 돌아다니면서 이런 점을 계속 주지시키고 토의를 독려하면 더욱 좋다.

만약 대화가 표류하는 모둠이 있다면, 교사가 소설의 주요 장면이나 대사 등에 대해 모둠원 모두가 의견을 말해보도록 하는 것도 좋다. 또 특정 학생만 말하는 모둠이라면 교사가 대화 상대가 되어 그 학생의 의견에서 드러나는 논리적 장점이나 약점을 언급하고, 이에 대한 다른 모둠원들의 의견을 들어 보는 방식으로 대화의 물꼬를 틀 수도 있다.

책 대화 수업은 한 시간뿐이지만, 대화는 이 한 시간으로 마무리되는 것이 아니다. 우리의 책 대화는 이미 3월 첫 시간부터 이뤄졌고, 이제부터 더 본격적으로 이어진다고 보는 것이 맞다. 대화할 내용과 방법을 제시해주자 학생들은 더 좋은 글감을 길어 올리기 위해 수업 이후에도 자발적으로 대화를 나누는 모습을 보였다. 그렇게 만들어온 질문으로 수업을 시작하는 날도 많았다. 책 대화를 거쳐 나온 질문들은 깊이 있고 참신했다. 좋은 질문을 만들 수 있다면 앞으로 있을 구술평가와 서평 내용도 당연히 좋을 것이다.

책 대화 수업은 이번 학기에서 가장 중요한 시간이라고 할 수 있다. 책 대화를 잘하려면 당연히 책을 잘 봐야 한다. 또 친구 이야기를 잘 들으려면 그 부분도 다시 찾아봐야 한다. 이렇듯 책 대화는 책을 여러 번 읽게 하는 효과가 있다. 여러 번 읽으니 책의 내용이 자연스럽게 머리에 새겨지고 이해도 깊어진다. 나만이 아니라 책 대화를 함께한 우리 모둠, 우리 반, 우리 학년 모두가 더불어 말이다.

이제 소설집 《이상한 사람들》에 관해서는 인터넷 검색보다 정확한 정보, 인공지능이 내놓는 답보다 참신한 감상의 데이터베이스가 구축된다. 이것이 함께 읽고 이야기하는 책 대화의 힘이다. 이 협업의 과정이 좋은 공부 방법임을 학생들이 느끼고 이해했으면 했다. 다행히 책 대화 시간을 통해 소설을 보는 다양한 시각을 가질 수 있었다는 학생이 많았다. 보는 눈이 생기면 글감을 찾을 수 있다. 학생들은 자신만의 감상으로 채운 서평 한 편을 쓸 준비를 차근차근 해나갔다.

[6~7차시] 좋은 피드백이 글쓰기의 성장을 이끈다
전체 피드백과 개별 피드백

학생들의 글에는 저마다의 강점과 약점이 있다. 그런데 기존의 글쓰기 평가는 이런 강점과 약점을 채점 기준에 비춰 점수를 더하거나 빼는 방식으로 등급화한다. 학생은 점수를 통해 자신의 글이 좋은지 아닌지를 가늠할 뿐, 어떤 부분을 개선하거나 보완해야 하는지에 대한 구체적인 지도를 받지 못하는 경우가 많다.

글을 잘 쓰려면 내 글을 잘 읽어주는 사람이 있어야 한다. 글이 탁월하다면 왜 탁월한지를 설명해줘 이를 더욱 발전시킬 수 있도록 하고, 부족하다면 어떤 방식으로 채워나가야 할지를 짚어주는 조력이 필요하다. '한 학기 한 권 읽기' 수업으로 서평 쓰기 활동을 구상했을 때, 적어도 한 번은 모든 학생의 글을 읽고 개별 피드백을 하기로 결심한 것도 이런 이유에서였다.

그런데 학년 전체가 같은 책으로 수업하다 보니 인상 깊게 느끼는 장면이나 이해하지 못하는 부분이 겹치는 경우가 많았다. 이해 못 하는 부분이 비슷하니 글에서 드러나는 문제점도 서로 비슷했다. 그래서 강의 형식의 전체 피드백으로도 많은 학생의 글을 한 번에 첨삭 지도하는 효과를 거둘 수 있었다.

'우화 읽기'와 관련한 피드백의 예

〈침묵은 금이다〉에서 말을 그친 주인공의 아내가 이혼한다고 할 때, 이를 상황에 대한 공감으로 받아들이면서 "나라도 이혼했을 것 같아" "나라면 말했을 것 같아"라는 식의 감상을 보이는 것은 적절한 우화 읽기가 아니다. 말을 그치는 행위가 옳고 그르다는 판단보다는, 작가가 이 행위를 통해 무엇을 이야기하려 했는지를 생각하고 그 이유를 밝혀내야 한다. 그런 후 그것에 대해 동의하거나 비판할 것.

'근거의 부족함'과 관련한 피드백의 예

- 뭔지 모를 따뜻함과 교훈이 느껴졌다. → 뭔지 모르면 안 된다. 왜 따뜻함이 느껴졌는지, 어떤 교훈을 얻었는지에 대한 나름의 근거를 책의 구체적인 부분을 언급해 이야기해야 한다.
- 주인공에 대한 작가의 연민이 느껴졌다. → 작가가 등장인물에게 연민을 가지고 있다고 느낀 근거는 무엇인지 책의 구체적인 부분을 언급해 이야기해야 한다.
- 모순적이다. 엉뚱하다. 일반적이지 않다. 이상하다. 뭔가 다르다. 독특하다. 다양성이 보인다. 이해되지 않는다. → 왜 그런 판단을 했는지 설명해야 한다. 또 작가가 이런 인물들을 통해 무엇을 말하려 했는지에 대해 나름의 근거를 가지고 답을 할 수 있어야 한다. 그래야 서평이다.
- 이상한 사회를 지적했다. 공리주의를 비판했다. 소외된 이웃, 약자의 저항, 주인공의 성장 등등 → 단편적인 이미지나 단어, 문장 한두 개만 늘어놓는 것으로는 충분한 설명이 되지 않는다. 소설의 이어지는 지점들과 연결해가면서 자신의 생각이 계속 일관성 있게 이어질 수 있는지를 검증해야 한다.

우리 수업의 최종 목적지는 서평 쓰기다. 머릿속에 떠오른 감상이나 논평의 내용을 특정 어휘와 문장으로, 서평이라는 구조 안에 어떻게 논리적으로 담을지를 구상할 수 있어야 한다. 물론 이런 수준의 글쓰기를 처음부터 탁월하게 해낼 수 있는 학생은 많지 않다. 그래서 교사가 그 방법을 구체적으로 제시해줘야 한다. 책에 대한 평評의 양식 안으로 들어오려면 자기 생각과 근거를 논리적으로 드러내야 한다. 이를 위해 다음과 같은 틀을 제시했다.

- 자기 생각을 타인에게 가장 잘 설명하는 방법 가운데 하나는 '예시'를 드는 것이다. 객관적인 예시를 보여주면 독자는 글쓴이의 생각을 추체험하며 이해할 수 있다.
- '세 단 뛰기'를 해라. 이 과정을 거쳐야 자기 생각을 깊게 들여다볼 수 있다.
  - 한 발: 소설의 어떤 부분에서 어떠어떠한 생각이 들었다. 그 이유는 '이것'이다.
  - 두 발: '이것'은 이 작품의 주제를 드러내는 데 어떠어떠하게 쓰이고 있다고 생각한다. 그 근거는 '이러하다'.
  - 세 발: '이러한' 근거로 쓰인 '이것'에 대해 나는 '이렇게' 평가한다. 그 이유는 어떠어떠하다.

이 외에 작품 이해를 돕는 다양한 자료를 소개할 수 있다는 점도 강의식 피드백의 효과적인 부분이다. 나는 이를 서평 준비를 위한 '빌드업' 과정으로 삼을 수 있게 독려했다.

전체 피드백이 학생들의 글을 큰 틀에서 조망하는 것이라면, 개별 피드백은 학생 개개인의 글이 가진 강점과 약점을 짚어주며 실질적인 첨삭 지도를 하는 작업이다.

사실 개별 피드백 방식을 어떻게 할지 고민이 많았다. 15개 학급 470여 명. 이 숫자를 상대해야 한다는 것부터가 일단 부담이었다. 인상 평가 수준의 짧은 코멘트로 수정 방향을 제시하는 정도라면 그리 길지 않은 시간에 마칠 수 있겠지만, 애초에 피드백 활동을 계획했던 의미는 퇴색된다. 그렇다고 첨삭 지도 수준으로 세세하게 피드백을 하자니 들여야 할 시간과 노력의 양이 너무 컸다.

결과만 말하자면, 평가 문항 단위로 글의 내용 요소에서 좋은 점과 개선할 점을 언급하고, 진전 방향을 제시하는 방식으로 했다. 구글 시트로 양식을 만들어 작성했고, 학생들이 점수와 피드백 내용을 확인하고 구술평가 및 서평 쓰기에 활용할 수 있도록 출력물로 제공했다. 피드백 출력물을 나눠주기로 한 날에는 470여 명의 문서를 출력하느라 2000장이 넘는 종이가 필요했다. 수업 시간에 배부하지 못한 학급에는 복도에서 종례가 끝나기를 기다렸다가 직접 나눠주기도 했다.

"선생님, 진짜 다 읽고 쓰신 거예요? 복붙 하신 거 아니에요?"

"야, 니 거 한번 봐봐. 다 똑같은 거 아니거든."

"어? 다 다르네. 와, 진짜로 다 읽고 쓰셨나 봐요."

자기 글을 진짜 읽고 써준 피드백이라 그런지 학생들은 정성스럽게 읽는 것 같았다. 책가방을 멘 채로, 청소 도구를 든 채로 교사가 적은 문장 하나하나를 읽어 내려가며 속닥대는 모습이 참 보기 좋았다. 몇 주간의 힘듦이 사라지는 순간이었다.

작은 노마가 자신의 집이 부서졌을 때, 집이 있던 터에 횟가루로 원을 그리고 그곳을 집으로 여긴 행동이 가장 기억에 남는다. 그는 평생 꿈꾸던 집이 형태를 잃었음에도 절망하지 않고 다시 자신의 집을 되찾았다. 이는 그가 집의 본질을 마음에 품고 있었기 때문이라고 생각한다. 나도 어렸을 때 열심히 노력해 받은 상을 다른 사람의 실수로 빼앗긴 적이 있다. 그때는 매우 절망했지만, 지금은 그 상의 가치를 기억하고 열심히 노력했던 내 모습에 감사하고 있다. 만약 내가 작은 노마였다면 평생의 꿈을 한순간에 잃었기 때문에 매우 절망하고 꿈도 포기했을 것이다. 꿈에 대한 열정도 충분하지 않고 그 본질도 제대로 이해하지 못했기 때문이다. 그렇기 때문에 포기하지 않는 소설 속 작은 노마의 모습은 매우 본받을 만하다.

책에 '자신의 집을 먹었다'는 표현이 있었죠. 형태를 잃은 집의 본질을 잃지 않고 품고 있었다는 가윤이의 해석이 딱 들어맞는구나 싶습니다. 주인공의 노력에 주목했군요. 이 단편소설들의 주인공들은 왜 그런 노력을 하나요? 여기서의 '왜?'는 '왜 노력하냐'가 아니라 '왜 그런 노력을 하냐'입니다. 많은 사람은 자신의 뜻을 이루기 위해 노력하면서 살아요. 노력의 정도에 차이가 있을 수는 있겠지만요. 여기 있는 세 주인공도 그런 노력을 하며 살아가죠. 우리는 모두 열심히 노력하며 삽니다. 그렇다면 그들의 노력은 어떤 점에서 본받을 만한지를 생각해봐야겠죠. 그들의 어떤 노력, 삶의 방법, 태도, 그 어떠함에 대한 이야기를 찾아보면 좋겠습니다. 그게 아마 이 소설집의 주제와 이어질 거예요.

피드백 과정에서 가장 염두에 둔 것은 '온도'였다. 부족함보다는 탁월한 점을 찾고, 학생의 읽기와 쓰기를 따뜻하게 칭찬하려 했다. 단순히 학생들을 어르고 달래려는 것이 아니다. 대부분 학생은 자기 글에 부족함이 있다는 것을 알고 있다. 하지만 정작 자신의 글이 가진 강점에 대해서는 잘 모른다. 강점을 먼저 언급해주는 것만으로도 고쳐쓰기로 나아가는 태도의 온도가 높아진다.

학생의 이름을 글 중간중간에 넣어 불러주는 것도 신경 쓴 부분이었다. 자신만을 위한 피드백이라는 인상을 줌으로써 개별화된 피드백을 통해 글쓰기의 수정·보완을 이끌고자 하는 이 활동의 목적에 더 다가갈 수 있었다.

내용적인 측면에서는 개별 학생들의 글에서 보완이 필요한 지점에 대해 해결의 실마리를 주는 방식으로 피드백을 구성했다. 예를 들어 우화로서의 소설 읽기가 되지 않는 학생들에게는 소설 속 상징이나 인물의 행위와 관련해 작가의 의도를 추론하는 읽기로 유도했다. 또 소설의 특정 부분에만 치우쳐 전체적인 흐름을 읽어내지 못하면, 소설의 다른 부분을 들어 해석의 일관성이 유지되지 않음을 짚어줬다. 지나치게 추상적·관념적·감정적인 단어들을 늘어놓은 글에는 의미를 명료하게 전달하는 글쓰기의 필요성을 언급했다. 간혹 독서량이 많고 글쓰기를 좋아하는 학생 가운데 특정 분야를 장황하게 이야기하거나 감정 과잉으로 '불타오르는' 경우도 있었다. 이럴 때는 단순히 논점 일탈로 재단하기보다는 방향을 올바르게 설정하도록 짚어줬다.

개별 피드백을 진행한 4주 동안 학생들 한 명 한 명과 진한 책 대화를 나눈 느낌이었다. 피드백 출력물을 나눠준 날, 감사를 표현한 학생이 많았다. 글쓰기에 실질적인 도움을 받았다는 감사도 있었지만, 자신의 글을 꼼꼼하게 읽어준 데 대한 가슴 뭉클한 고마움을 전한 학생들이 기억에 남는다. 이후에 치른 서평 평가에서 생각과 글의 성장이 눈에 띄는 학생들도 있었다. 덕분에 개별 피드백을 진행하며 품었던 '이게 맞는 건가?'라는 물음표를 느낌표로 바꿀 수 있었다. 이 활동을 긍정적으로 생각할 수 있는 이유다.

하지만 결과적으로, 개별 피드백 활동은 절반의 성공이자 절반의 실패였다고 생각한다. 지속가능하지 않기 때문이다. 업무량이 과도했고, 초심자의 고집도 짐을 더했다. 학생 모두가 같은 책을 읽고 글을 쓴 탓에 겹치는 부분이 있었음에도 '개별' 피드백이라는 이유로 조금씩 다르게 적어야 한다는 강박에 사로잡혔다. 당연히 시간도 힘도 더 들었다.

하지만 방향은 옳다고 생각한다. 글쓰기 수업에서 학생의 성장을 개별 피드백 없이 이뤄낼 수 있는지를 묻는다면 답은 '아니오'다. 올바른 방향으로 계속 나아가기 위해 여러 방법을 고민해야 한다. 이 서평 쓰기 수업을 준비하면서 '교사가 지치지 않는 국어 수업'을 고민하고 실천하는 선생님들의 훌륭한 수업 사례를 많이 만났다. 나의 부족함으로 이를 다 실행에 옮기지 못해 힘듦을 자초했지만, 동료 선생님과 어떻게 협업할 수 있을지, 또 배워야 하는 것이 무엇인지 알게 된 좋은 실패였다고 믿는다.

[8~9차시] **구술평가**
최종 서평 쓰기를 위한 도움닫기

두 차시에 걸쳐 구술 수행평가를 했다. 학생과 교사가 일대일로 진행했고, 나머지 학생들은 도서관 사서 선생님의 협조를 받아 도서관에서 구술평가를 준비하거나 10차시에 있을 서평 쓰기 평가를 준비하도록 했다.

　구술평가 문항은 서평 쓰기 문항과 연계해 만들었다. 구술평가 대본을 작성하는 과정이 다음 차시에 이어질 서평 쓰기 연습이 될 수 있도록 하기 위함이다. 평가 준비에 드는 시간과 노력을 줄여주는 효과도 있다. 구술평가 역시 다양한 수업 사례와 함께 공개된 양질의 자료가 많다. 학교급·학급별 학생 수 등 여건에 맞게 자료를 선택하고 수정해 진행하면 좋다.

1. 구술평가 방법은?

- 구술평가는 책을 읽은 후 선생님이 제시한 질문을 이해하고, 그 질문에 대해 자기 생각을 말로 답하는 평가입니다.
- 질문은 미리 공개하며, 아래에 제시된 여섯 문제 가운데 두 문제를 뽑기 방식으로 선정해 평가합니다.
- 구술평가를 할 학생은 두 개의 주사위를 던집니다. 나온 숫자가 문제 번호입니다. 만약 같은 숫자가 두 개 나오면 주사위 하나만 다시 던집니다.
- 구술평가의 모든 내용은 녹음합니다. 따라서 아래의 세 가지 규칙을 반드시 지켜야 합니다.

  첫째, 학생은 답변 전 자신의 이름과 뽑은 문제 번호를 반드시 먼저 말한 후 시작합니다.

  둘째, 평가 장소에 들어오면 선생님에게 질문할 수 없습니다. (질문은 평가 전에 해야 합니다)

  셋째, 답변 시간은 '30초 이상 60초 이하'로 제한합니다. 위반 시 점수에 불이익이 있습니다.
- 모든 구술평가 문제에 답할 때에는 왜 그렇게 답했는지에 대한 설명이 포함되어야 합니다.

2. 구술평가 문제를 미리 공개합니다. (이 가운데 두 문제가 나와요!)

① 주제를 나타내거나 자신에게 와닿는 한 문장을 말하고, 그 이유를 설명해보세요.

② 소설 속 인물을 한 명 선택해 그의 행동을 살펴보고, 그의 세계관을 분석해보세요.

③ 소설과 관련된 세상일이나 자기 경험(또는 다른 사람에게 들었거나 봤던 경험)을 말해보세요.

④ 이 소설 안에서 대립하는 가치관을 찾고, 자신의 가치관과 비교해 비평해보세요.

⑤ 작가는 이 작품을 통해 세상 사람들에게 어떤 마음을 전하려 했는지 자기 생각을 말해보세요.

⑥ 내가 작가라면 바꾸고 싶은 대사, 장면, 설정을 말해보고, 그 이유를 이야기해보세요.

[10차시] 서평 쓰기

순도 100퍼센트, 오롯하게 나만의 감상으로

서평 쓰기 평가를 구상하면서 고민한 지점은 세부 문항을 나눌 것인지, '통글' 형식을 취할 것인지였다. 통글은 책에 대한 감상과 의견, 근거 제시 등을 응집성과 통일성이 있게 서술해야 완성도가 생긴다. 이를 위해서는 많은 시간을 들여 글을 다듬는 과정이 필요한데, 한 차시 수업으로는 쉽지 않다고 판단했다.

우리 수업의 가장 큰 목적은 오롯이 자신만의 감상이 담긴 글을 쓰는 것이었다. 이 목적을 달성하기 위해 1차, 2차, 3차 수행평가도 반복 훈련에 가깝게 구성했다. 책 한 권을 깊게 읽고 자기 생각을 면밀하게 다듬어 문항에 답하는 훈련도 글쓰기로서 충분히 의미가 있다고 생각했다. 그래서 세부 문항으로 도입-전개-결론의 흐름을 유도해 서평의 완성도를 높이는 방식을 택했다.

학생들은 컴퓨터실에서 교사가 미리 제작해놓은 구글 문서 답안지에 답변을 입력하고 제출했다. 학생들이 키보드 자판으로 글을 입력하는 것이 작성 속도나 답안 수정 면에서 편리하므로 평가 진행이 수월하다. 당연히 이후 채점이나 생활기록부 기록 자료 활용에도 좋다. 다만 자판 입력 속도가 느려서 수기를 원하는 학생을 위해 종이 시험지도 준비했다.

웹 기반 입력 방식은 부정행위에 취약할 수 있다는 우려가 있다. 하지만 학교 컴퓨터실의 메인 컴퓨터에서 학생 활동을 모니터링할 수 있기에 이동식 저장 장치를 사용하거나 특정 웹페이지에 로그인하는 등 답안을 미리 적어두고 옮겨 붙이는 부정행위는 막을 수 있었다.

A4 한 장 분량의 독서일지도 채우기 버거워서 인터넷 검색 화면만 쳐다보던 학생들이 50분 동안 쉼 없이 키보드 자판을 두드렸다. 서른 명의 손끝에서 울려퍼진 '키보드 합주곡'은 교사에게는 수고했다는 인사이자 수업 마무리를 축하하는 격려로 들렸다.

학생들이 답안 작성을 마치고 제출 버튼을 누르면, 곧바로 본인의 학교 구글 계정 메일로 전송되도록 했다. 헬스장에서 첫날과 PT 수업 후의 인바디 결과를 비교해보듯이, 학생들에게 자신이 썼던 '독서 활동 평가' 답안지와 마지막에 쓴 '서평 평가' 답안지를 꼭 비교해보기를 권했다. 자기가 쓴 글의 성장을 확인해보기를 바라는 마음이었다.

제목: 가장 낮은 곳에서 가장 높은 사랑을 하다

들어가는 말 책의 첫인상, 읽는 과정, 읽은 후에 느낀 감정이나 생각, 작가에 대한 인상 등

책을 펼쳐들고 가장 처음 접하는 것은 머리말이다. 그렇기에 머리말이 첫인상을 결정했으리라. 작가는 우리의 삶을 한갓 풀 같은 것이라고 비유한다. 들꽃처럼 피었다가도 바람에 스쳐 흔적도 없이 사라진다 함은, 분명 인생의 허무함에 대해 언급한 것이다. '이상한 사람들의 이상한 꿈'. 그것이 작가가 말하는 우리의 삶이다. 우리는 추상적인 것들을 느낀다. 그리고 그것들은 때때로 주관적이기에 다른 사람들은 이상하다고 생각할 수 있다. 아무도 믿지 않는 진리가 있다고 하자. 그 진리가 인간 세상에서 진리로서 받아들여질 수 있겠는가? 주관적인 경험은 더욱이 죽음 앞에 무력해진다. 그러나《이상한 사람들》에서는 주인공의 사상을 이어받고, 그들을 존경하고, 간직하는 사람들이 등장한다. 그들을 기억하는 사람들을 통해 이상한 사람들이 이상하지 않게 되고, 죽음 앞에 먼지처럼 흩어지는 관념들이 보존된다. 난해하고 모순적으로 느껴지던 조각들이 비로소 하나의 서사로 연결될 때, 이 작품은 그

진가를 발휘한다. 작가는 서사를 통해 사유하게 하는 존재이기 때문이다.

  첫 번째 질문: 자신이 책 대화에서 이야기했던 소설 속 기억에 남는 장면이나 대사를 설명하고, 그 이유를 적어보세요. 그리고 책 대화에서 다른 모둠원이 이야기한 내용 중 가장 인상 깊었던 것과 그 이유를 적어보세요.

〈포플러나무〉에서 포플러나무를 뛰어넘어 허공으로 사라진 대장장이를 보고 서술자는 무엇인가 깨닫는다. 우리가 사는 이곳이야말로 허공이고, 사실은 높이뛰기를 해서 도착한 곳이 안식처라는 깨달음이다. 절름발이였던 대장장이는 자신에 대한 편견을 갖는 사람들에게 따뜻함을 베풀었다. 대장장이가 포플러나무를 심고 그것을 뛰어넘는 동안, 사람들이 나무 그늘 밑에서 휴식을 취하기도 하고, 아이들이 나무를 타고 놀기도 했다. 이후 대장장이는 나무를 뛰어넘는 개인적인 일을 통해 서술자에게 깨달음을 전수하고, 낡은 신발을 남긴다. 서술자는 더디게 자라나는 사과나무 한 그루를 심는다. 서술자가 마을을 다시 찾았을 때, 마을은 변했지만 포플러나무만큼은 변하지 않았다. 그때의 포플러나무는 작고 시들어 보였지만, 대장장이는 서술자가 심은 사과나무의 과실로 다시금 열리게 될 것이다.

그렇기에 대장장이는 영속성을 부여하는 존재다. 인간 세상의

강렬하지만 짧은 쾌락을 추구하는 젊은이들과 대비되는

부분이다. 허수아비의 지푸라기 심장만큼이나 허무하고

단기적인 사랑과 몇 년을 걸쳐 이뤄낸 대장장이의 사랑.

서술자가 깨달음을 얻는 장면은 작품 밖의 또 한 명의 사람이

대장장이를 전승하는 순간이었다.

책 대화에서 언급된 〈이 지상에서 가장 큰 집〉에서 작은 노마의

집 또한 그만의 사랑을 나타낸다. 집은 개인적인 공간이며,

인간의 원초적인 사랑이 오가는 공간이다. 부모님으로부터 받은

것이라곤 사랑밖에 없던 작은 노마가 평생에 걸쳐 집을 갖길

바랐던 것도 그 때문이다. 그가 집을 얻고, 그는 벽에 아버지의

안경과 성경 구절을 못질한다. 못질은 집을 온전히 소유했을

때만 할 수 있는 행동이다. 부모님에게 받은 사랑을 보존하기

위해 자신의 힘으로 얻은 집 안 가득, 작은 노마는 못질을 한다.

그러나 얼마 못 가 집은 시청 직원에 의해 빼앗긴다. 작은 노마는

서명란에 하트를 그린다. 부모님께서 주신 사랑, 그 사랑이 담긴

집을 빼앗기더라도 자신의 사랑은 잃지 않겠다고 말하는 것이다.

자신의 사랑을 세상에 외치는 작은 노마의 모습이 감명 깊었다.

본문2　　두 번째 질문: 소설 속 인물 중 한 명을 골라 그 인물에 대해

공감하거나 비판하거나 평가한 내용을 적어보세요. 그리고 모둠원이 이야기한 내용 중 공감되거나 동의할 수 없었던 내용이 있다면, 그 내용과 근거를 논리적으로 밝혀보세요.

작은 노마는 집을 판 돈으로 요깃거리를 사 배를 채운다. 책에서는 그가 집을 먹어버렸다고 서술한다. 이후 그는 공원에 가 작은 원을 그린다. 그리고 그곳이 자신의 집임을 선언한다. 집을 먹어치운 작은 노마의 보금자리는 자기 자신이 되었다. 이는 작은 노마가 부모님의 사랑을 비로소 완전히 물려받았음을 의미한다. 작은 노마는 사다리를 만들어 어릴 적의 집을 갖고 싶던 바람을 실현했고, 부모님이 계신 하늘로 향하고자 하는 사랑을 재현했다. 그는 사다리 위에서 능숙하게 잠을 청한다. 다른 사람들이 보기에 사다리 위의 작은 노마는 위태로워 보이지만, 사실 그는 매우 안정적이다. 다른 사람들이 보기에 작은 노마는 이상하지만, 그는 자신의 사랑을 지켰고 또 그것을 전승했다. 그는 그에게 이상한 사람이라는 평가를 내린 사람보다도 대단한 삶을 살았다. 작은 노마는 비범했기에 이상하다는 평가를 받은 것이다.

책 대화에서 신기료장수가 침묵한 이후, 실제로 자연물과 대화했다는 평이 있었다. 그러나 나는 이에 동의할 수 없다. 신기료장수가 되기 전, 주인공은 진실만을 말하기 위해 침묵했다. 그는 침묵으로 인해 해고당할 위기에 처하자 다시 말을 하려고 한다. 그러나 본래의 목적을 잃고 사회적 이유로 말하려 했기에 말을 할 수 없었다. 이후 그는 신기료장수가 되었다. 그는 이전의 높은 직위에서는 알 수 없었던 가장 낮은 위치의 신발을 고친다. 본심을 가리기 위한 방패였던 말은 실이 되어 밑창을 꿰매고, 징이 되어 밑바닥에 박힌다. 신발이 바로 서지 않으면 우리는 걸을 수 없다. 신기료장수는 사람을 세우고 고치는 말을 하게 되었다. 그는 말로써 진정한 사랑을 전하게 된 것이다.

본문3 세 번째 질문: 책 내용과 비슷한 세상일, 사람, 경험 찾기를 했던 대화 내용을 적어보세요. 자신의 이야기와 모둠원 중 한 명 이상의 이야기를 포함해 내용을 구성하세요.

말의 권위에 대한 언급이 있었다. 사회적 지위를 제하려고 해도, 꼬마 아이의 말과 선생님의 말씀은 다를 수밖에 없다는 것이었다. 말에는 권위가 있다. 신기료장수도 이를 느꼈을 것이다. 침묵하기 이전, 그는 무엇 하나 빠지지 않는 착실한 젊은이였다. 그러나 그는 갑자기 말이 싫어졌다. 그가 느꼈을 지위, 편견들은 보이지 않지만 말에 실려 전달된다. 주의를 기울여야만 느낄 수 있다. 그것은 일종의 차별로 모습을

드러낸다. 오래된 편견에 감화된 행동 양식은 순수한 말을
방해한다. 나는 타인의 말에 숨겨진 칼들과 방패를 발견하곤
한다. 그리고 나 자신 또한 말 속에 독침을 숨겨놓기도 한다.
내가 몰랐던 새에 말은 입에서 튀어나와 변형되고 왜곡되었다.
신기료장수는 말을 그만두고 다른 세상을 느낀다. 말이 없어도
아내와의 사랑을 일부 나눌 수 있었다. 우리에게 진정으로
필요한 것은 말 없이도 전달할 수 있다. 결국 주인공은
신기료장수가 되어 진실을 말로 전할 수 있게 되었다.

본문4　네 번째 질문: 책 대화에서 자신이 제시한 질문과 이 질문을
만든 이유를 적어보세요. 그 질문에 대한 자신의 대답과 모둠원 중 한
명 이상의 답변을 포함해 내용을 구성하세요.

〈이 지상에서 가장 큰 집〉의 작은 노마와 〈포플러나무〉의
대장장이가 서술자에게 보이지 않는 위치로 사라진 이유는
무엇일까? 어떤 이는 그들이 특별하기 때문이라고 했다. 작가는
당장 눈앞에 이들이 없더라도 서술자가 이들을 기억하는 모습을
통해 사랑이 전승되었음을 드러낸다. 눈앞에 없는 것들은
잊혀지기 마련이다. 그러나 눈앞에 없는 어떤 것들은 추억할 수
있다. 이상한 사람들이 남긴 것은 기억할 가치가 있다는 것이다.
그것들은 서술자를 통해 기억되었다.

 책에 대한 자신의 종합적인 의견을 정리해보세요.
작가가 이 책을 통해 세상에 전하고 싶었던 이야기가 무엇이라고
생각하는지를 반드시 포함해 작성하세요.

그래서 이상한 사람들은 이상한 사람이었는가? 아니다. 그들은
진실과 사랑을 추구했을 뿐이다. 그들의 눈에는 실리와 수단을
추구하는 현대인들이 이상한 사람일 수 있다. 우리는 다름은
이상함으로 인식하곤 한다. 하지만 그 전에 우리는 다른
것들로부터 배움을 얻어야 한다. 마치 이야기의 서술자들이
주인공들을 기억하며 깨닫는 것처럼 말이다. 서술자를 통해
그들은 영속성을 얻게 되었고, 이상함으로부터 시작된 이야기는
퍼져나갈 것이다. 이상한 사람들은 이상한 사람들이 아니다.
이것이 현대문학의 가치를 담는 역설이지 않을까.

슬기로운 삽질

진짜 공부로의 성장

"선생님은 서평 쓰셨어요?"
"당연히 썼지. 기말 끝나면 보여줄게."

　학생들이 종종 묻곤 했다. '쌤도 못 하는 걸 우리한테 시키

220

는 건 아니에요?'라는 투정 섞인 질문이었다.

7월 초 학기말고사 후 자율 교육과정 기간에, 1학년 학생 전체를 대상으로 갈무리 수업을 방송으로 진행했다. 이때 교사가 쓴 서평 일부를 공개했다. 교사도 학생들과 함께 열심히 읽고 썼음을 인증하는, 그리고 학생들이 이 책을 통해 무엇을 읽었으면 했는지를 이야기할 수 있는 시간이라 무척 의미 있었다. 학생들이 어떤 마음으로 교사의 글을 봤을지 궁금하다. 해답지를 확인하는 마음보다는 '선생님은 이렇게 생각하셨구나' '저런 부분은 공감된다' '이 부분은 질문해보고 싶다'라는 마음이었으면 좋겠다.

"쌤! 제 서평 읽으셨어요? 잘 썼죠?"

최종 서평 평가와 성적 처리까지 마무리되었는데도 자기 서평을 읽었는지 묻는 것은 '나는 아직 배고프다!'라는 뜻이다. 아직 대화가 모자란 친구들과 함께 책 대화에 빠져보고 싶은 마음이 다시 한번 들었다. 그래서 두 학기의 책 수업을 모두 마무리하고 학년말 고사까지 마친 12월 말, 책 이야기를 이어가고 싶은 학생들을 도서관에 불러 모았다. 약간의 간식과 선물 추첨 시간도 준비했다. 읽기와 쓰기를 고민하며 서로 격려했던 지난 1년의 이야기를 진솔하게 꺼내는 학생들의 모습에서 온기를 느낄 수 있었다. 우리 학생들이 계속 읽고 말하고 쓰는 일을 이어가기를 바라는 마음으로, 비로소 서평 쓰기 수업을 진짜로 마무리할 수 있었다. 따뜻하고 즐겁고, 넉넉히 배부른 마무리였다.

한 학생이 제출한 서평 제목을 보고 무릎을 쳤다.

'슬기로운 삽질'.

답을 외울 시간도 부족하다고 생각하는 이들에게 우리 수업은 보람 없는 삽질처럼 느껴질지도 모른다. 하지만 '슬기로운'이라는 수식어가 말해준다. 우리의 삽질은 책에 담긴 우물에 닿기 위해 함께 파고 내려간, '읽고 말하고 쓴' 노력의 과정이라고 말이다. 그리고 그 우물에 닿아 각자의 이야깃거리를 길어 올려 오롯한 글 한 편씩을 만들어냈다. 진짜 읽기, 진짜 쓰기, 진짜 공부의 경험이다.

'슬기로운 삽질', 다시 봐도 참 잘 지은 제목이다.

읽기와 쓰기를 안전하게 배우려면 함께 읽고 말하고 써야 한다. 그리고 이를 가장 잘 해낼 수 있는 공간이 바로 교실이다. 독서가 흔들릴 때 허리를 곧추세워주는 곳, "한 페이지 더!"를 외치며 힘내어 읽도록 이끄는 독서 트레이너인 교사가 있는 곳, 잘 짜인 식단처럼 읽기·말하기·쓰기 과정을 이끌어 결국 '글짱'의 경지에 닿게 하는 수업 계획이 있는 곳, 이 모든 과정을 함께하며 성장을 이뤄나갈 수 있는 친구들이 있는 곳이 교실이다. 교실은 함께 읽고 말하고 쓸 수 있는, 그리하여 자기를 진짜로 성장시키는 최고의 '체육관'이 될 수 있다. 그리고 이런 성장 경험이 앞으로 학생들에게 언제든 '읽고 싶다' '쓰고 싶다'라는 마음을 가질 수 있는 진짜 공부의 밭이 되리라 생각한다. 서평 쓰기 수업을 하면서 두려움보다 끌림을 훨씬 크게 느낀 이유도 바로 이 때문이었다.

우리가 함께 읽었던 책들이 지금은 문제집과 참고서에 치여 책꽂이 구석으로 밀려났을지도 모르겠다. 수능을 끝내고 다 푼 문제집들을 시원하게 비워버리는 날, 구석에 묻혀 있다 발견한 이 책을 들고는 잠시 고민하다가 슬쩍 웃으며 다시 책꽂이에 꽂아 넣는 학생들의 모습을 상상해본다. 이 책과 함께 길어 올린 이야기들, 열심히 읽고 썼던 기억이 아름다웠기를, 간직하고 싶기를, 그래서 계속 나아갈 '진짜 공부'의 새 힘으로 책꽂이 한편에 늘 담겨 있기를 바란다.

설명문 쓰기

설명문 쓰기

내 친구가 독자라면!

생각그물부터
동료 첨삭까지
전략적 글쓰기 5단계

최종민

매일매일 학생들과 부대끼다 보면 다양한 사건 사고가 끊이지 않는다. 사안이 심각할 때는 관련 학생에게 사건의 자초지종을 설명하는 확인서를 쓰게 한다. 그때 흔히 볼 수 있는 글이다.

예전에 A가 B한테 저격 글을 올려서 같이 싸운 적이 있고 사과를 하고 끝냈다. 그런데 그 뒤로 C와 내가 사귀는 것을 알고 C에게 자주 연락을 했고, 그것 때문에 C도 불편해했었다. 그런데 그걸 알고도 신경 안 쓰다가 C한테 친한 척과 디스코드에서 말을 거는 등등 연락을 했다. 그런데도 사과로 끝났고 그 뒤로도 C에게 만나자고 했다. 그래서 또 이야기하고 끝냈고 다 끝나서 신경 안 쓰고 있었다. 그런데 자기가 있는 디스코드에 내가 있다는 거를 B한테 캡처해서 보내면서 욕을 했고 ○○중 애들에게 내가 피우지도 않는 담배를 피운다고 소문을 냈다. 그래서 개인 채팅으로 왜 했냐고 물어보려 했는데 차단당해 있었고 그래서 B에게 단체 채팅을 파달라고 했고 거기에 있던 애들은 관련이 돼 있어서 있던 애들이다. D는 증인으로 들어온 거고 B는 이야기할 방법이 없어 나를 초대해준 것이다.

도대체 무슨 일이 있었는지 파악하기가 쉽지 않다. 자신이 겪은 일을 조리 있게 설명하는 일도 이렇게 어려운데, 새로운 정보를 전달하는 글을 쓸 수 있을까? 이런 고민을 바탕으로 '친구에게, 친구와 함께, 설명하는 글쓰기 수업'을 계획했다.

글쓰기 수업에서 전통적인 예상 독자는 교사다. 교사는 쓰기 과정에서 학생의 과제를 읽고 피드백해주며, 최종적으로 학생의 성취 수준을 확인하고 평가한다. 하지만 학생들이 실생활에서 쓰고, 앞으로도 쓰게 될 글은 교사 외에도 여러 독자를 대상으로 한다. 그런 의미에서 친구가 읽을 글을 쓰는 경험은 중요하다. 또 친구에게 쓰는 글이라면 혼자 쓰는 것보다 친구와 함께 쓰는 편이 더 효과적일 것이다. 고립된 개인으로서의 학생 필자를 넘어, 교실에서 함께하는 친구들을 대상으로 친구의 피드백을 참고하며 글을 완성하는 경험은 예상 독자에 대한 인식을 강화하고 글쓰기 능력을 키워준다.

이 사례는 읍 지역의 중학교 2학년 학생들을 대상으로 진행한 설명문 쓰기 수업을 재구성한 것이다. 신도시가 조성되면서 인구가 급증한 지역으로 학생들의 기초 학력은 그리 높지 않으나, 수업 활동에는 대부분 의욕적으로 참여하는 분위기였다. 한 반이 35명 내외였고, 그 가운데 3~4명은 외국인등록번호가 있는 이주 노동자의 자녀였다. 이들은 기본적인 의사소통이 어려운 학생부터 평균적인 정주민 학생들보다 더 수준 높은 수필을 써내는 학생까지 다양했다.

설명하는 글쓰기가 원활히 이뤄지려면 설명 대상에 대한 사실적 이해뿐 아니라, 설명하려는 내용을 상대방에게 정확히 전달할 수 있도록 효과적인 조직과 적절한 표현 방법이 뒷받침되어야 한다. 이와 같은 일반론을 유념하면서도 학생들이 설명문을 더 잘 쓸 수 있도록 돕기 위해 다음 세 가지에 초점을 뒀다.

첫째, 학생의 삶과 가까운 주제를 선정할 것.
둘째, 동료 첨삭을 통한 고쳐쓰기에 집중할 것.
셋째, 글쓰기 전략을 안내하고 이를 사용하는 경험을 제공할 것.

단계		차시	수업 내용
전	준비	1차시	설명과 친해지기
중	글쓰기 빌드업	2차시	[전략1] 생각그물로 계획하기
		3차시	[전략2] 모둠 대화로 글감 모으기 [전략3] 이중 구조로 개요 만들기
	글쓰기	4차시	[전략4] 내리쓰기로 초고 쓰기
		5차시	[전략5] 동료 첨삭으로 고쳐쓰기
후	정리	6차시	자기 평가로 배움 갈무리하기

첫째, 삶과 가까운 주제다. 교육공학자인 존 M. 켈러의 학습 동기 이론에 따르면, 학습자는 학습 내용이 자기 삶과 관련성이 높다고 여길 때 강한 동기를 느낀다. 즉, 자신의 관심이나 주의를 끌 만한 것, 자기와 관련 있는 것, 자신감 있는 것, 만족감 높은 것에서 학습 동기가 높아진다는 것이다. 반면 자기 삶과 동떨어진 주제라면 학생들이 써내는 글도 너무 뻔하거나 막연하고 추상적인 글이 되기 쉽다. 심지어 베끼기와 짜깁기가 난무하는 누더기 글이 될 수도 있다. 따라서 학생의 삶과 가까운 주제를 선정하는 것은 매우 중요하다.

마침 당시 여름 방학 자율 연수로 노동 인권 강연을 수강했었다. 대부분 학생은 성장하면 어떤 형태로든 노동자로 살아가게 되지만, 정작 공교육은 물론 어디에서도 현실의 구체적인 노동을 접할 기회는 드물다. 이런 문제의식을 바탕으로 글쓰기 수업에서 학생들이 일상에서 만나는 다양한 노동에 관해 생각하는 기회를 제공하고 싶었다. 그래서 설명하는 글쓰기의 대주제로 '우리 주변의 노동'을 제시했다.

이는 초중고등학교 교육 목표로 제시된 역량 함양 및 진로 탐색과도 맞닿은 주제다. 아직 진로 의식이 영글지 않은 중학교 단계에서는 일상에서 진로와 연관된 소재를 찾는 것이 좋고, 진로 의식이 한층 성장한 고등학교 단계에서는 곧바로 본인의 진로 희망 분야나 관심사를 글감으로 삼는 것이 효과적이다.

둘째, 동료 첨삭이다. 일반적으로 학생들은 '좋은 글'에 대한 잣대가 뚜렷하지 않기에 자기 글을 객관적으로 바라보는 힘이 부족하다. 이런 상황에서 자기 글의 개선점을 스스로 찾는 일은 버겁다. 그래서 수업 과정에서 좋은 글이 갖춰야 할 요소를 제시해 학생들이 그 의미를 이해하도록 했다. 고쳐쓰기 단계에서는 모둠을 구성해 동료 피드백을 진행한 뒤, 이를 반영해 초고를 수정하도록 했다. 이렇게 하면 머릿속에만 그려둔 가상 독자가 아니라 실제 독자의 생생한 피드백을 경험할 수 있고, 그 결과물인 글에도 단단한 힘이 실린다. 나아가 이러한 사회적 상호 작용으로서의 글쓰기 체험을 통해 학생들의 사회적 의사소통 능력도 더 기를 수 있다.

셋째, 전략에 대한 집중이다. 학생들이 쓰기 전략의 필요성과 효과를 이해하고 직접 사용해야 스스로 효능감을 느낄 수 있다고 판단했기 때문이다. 쓰기의 인지적 요인은 지식, 기능, 전략으로 나눌 수 있다. 이때 쓰기 전략이란 "필자가 쓰기 과정에서 특정한 목표를 달성하기 위해 의식적으로 선택하는 최적의 방법"이다(권순희 외,《작문교육론》, 사회평론아카데미, 2018). 필자가 쓰기 과정에서 마주하는 다양한 문제를 해결하기 위해 적절한 전략을 선택하고 실행함으로써 문제 해결 능력, 즉 쓰기 능력의 신장을 도모하고자 하는 취지였다.

육아를 예로 들어보자. 아기가 울음을 터뜨리는 상황을 배고플 때, 졸릴 때, 심심할 때로 아는 것은 지식이다. 각각의 상황에 대처하기 위해 분유를 타고, 잠을 재우고, 놀아주는 것은 기능이다. 아기가 왜 우는지 파악하고, 그에 따라 적절한 기능을 적용해 아기를 달래는 것이 바로 전략이다.

선택형 지필평가는 지식과 기능을 측정하는 데 머물 수밖에 없다. 따라서 쓰기 과정을 중심으로 한 편의 글을 완성하는 활동 속에서 다양한 전략을 자유롭게 사용하는 경험을 학생들에게 제공하고, 이를 바탕으로 쓰기 역량을 제고할 수 있도록 이 수업을 진행했다.

[준비] '설명하는 글'이란 도대체 뭘까
설명과 친해지기

"설명하는 글이 뭐예요?" "어디서부터 시작해야 해요?"

학생들은 설명문 쓰기를 할 때마다 늘 막막해하며 묻는다. 그럴 만도 한 것이, 설명하는 글쓰기는 단순히 정보를 나열하는 것이 아니라 예상 독자를 고려해 독자가 쉽게 이해할 수 있도록 내용을 체계적으로 전달하는 작업이기 때문이다. 학생들은 자기 머릿속의 생각을 꺼내어 글로 옮기는 것뿐 아니라, 독자의 입장에 서서 전할 내용을 구조화하고 논리를 다듬어야 한다는 점에서 큰 부담을 느낀다.

교사의 고민 역시 만만치 않다. 어떻게 하면 학생들이 일상적 경험과 관심사를 바탕으로 자신의 앎을 자연스럽게 설명하는 글을 쓸 수 있을까? '설명'이란 무엇인지, 설명하는 글을 쓰는 목적이 무엇인지부터 지도해야 한다. 학생들이 글쓰기의 벽에 부딪힐 때마다 교사도 적절한 지도 방식을 고민하게 된다.

설명하는 글을 잘 쓰려면 우선 '설명 방법'에 대한 지식과 기능을 갖춰야 한다. 이를 위해서는 실제 설명문을 읽고, 그 글에 사용된 설명 방법을 찾아보는 것이 효과적이다. 그래서 교과서에 수록된 설명문 〈그림에서 들려오는 소리〉 읽기 수업을 사전에 먼저 진행했다. 그리고 쓰기 수업 1차시에는 이 글의 주요 내용을 요약해 설명문의 구조인 '처음, 가운데, 끝'으로 나눈 학습지 양식에 정리해보도록 했다.

앞서 배운 〈그림에서 들려오는 소리〉를 '처음, 가운데, 끝'으로 나눠 정리해봅시다. 이때 '요약하기' 원리를 적용해야 합니다. 각 문단의 중심 문장을 찾아보세요. 만약 중심 문장이 뚜렷이 드러나지 않는다면, 문단의 주요 내용을 바탕으로 새로 만들 수도 있어요. 중심 문장을 찾기 어려울 때는 핵심어를 먼저 찾아보세요. 핵심어는 주제와 깊은 관련이 있고, 글에서 반복적으로 나타나죠. 핵심어가 쓰인 문장 가운데 가장 높은 수준의 내용을 담은 문장이 핵심 문장이라고 할 수 있어요.

주요 내용을 정리했으면 글에서 사용한 설명 방법을 확인할 차례다. 학생들은 설명 방법을 무척 낯설어하는데, 이걸 하나

하나 설명하다 보면 학생보다 교사가 먼저 지칠 수 있다. 그래서 미리 다음과 같이 설명 방법을 간단히 정리해서 알려준다.

설명 방법 10가지

① 시간 순서: 시간의 흐름에 따라 사건이나 이야기를 전개

② 공간 이동: 공간의 이동에 따라 대상을 묘사

③ 정의: 대상의 본질이나 개념을 명확히 규정

④ 원인-결과: 특정 사건이나 현상의 원인과 결과를 제시

⑤ 문제-해결: 문제를 제시하고 그에 대한 해결책을 제안

⑥ 비교-대조: 둘 이상의 대상을 비교하거나 대조

⑦ 분류-분석: 주제를 여러 범주로 나누거나 구성 요소로 분석

⑧ 과정: 어떤 일이 일어나는 순서나 절차를 단계적으로 서술

⑨ 예시: 주제를 뒷받침하기 위해 구체적인 사례를 소개

⑩ 인용: 남의 말이나 글, 자료 등을 끌어와 내 설명을 뒷받침

그리고 교과서 바탕글에서 사용한 설명 방법을 찾아 발표하고 서로 비교하도록 했다. 이렇게 하면 학생들이 조금씩 감을 잡는다.

마지막으로 시간이 된다면 학생들이 직접 설명 방법을 적용한 문장을 만드는 연습까지 하면 좋다. 직접 설명 방법을 적

표2 '처음, 가운데, 끝으로 요약·정리하기' 학습지 예시

구성	중심 문장	설명 방법
처음	'공감각'이란 어떤 하나의 감각이 다른 영역의 감각을 일으키는 것.	정의: 공감각의 개념
가운데 1	〈풍덩〉에서 귀로 듣는 풍덩 소리를 그림으로 표현.	예시: 데이비드 호크니의 그림 〈풍덩〉 분석: 그림을 색채, 기법, 구도로 나눠 설명 대조: 유화 물감, 아크릴 물감의 차이를 들어 설명 인과: 선명한 물감과 붓질의 대비 효과 강조
가운데 2	〈아〉에서 소리와 글자, 그림이 하나가 되게 표현.	예시: 김호득의 그림 〈아〉 분석: 'ㅇ'과 'ㅏ'로 각각 나눠 설명 인용: 김호득의 말을 인용
끝	공감각을 되살리기 위해 공감각적인 예술작품 감상을 권함.	인용: 다이앤 애커먼의 말을 인용

용해봐야 비로소 자신의 지식과 기능으로 자리 잡기 때문이다. 학습자에게 선택권을 줌으로써 능동적인 수업 태도를 가질 수 있다는 장점도 있다.

　학생들은 이러한 요약 연습을 통해 설명 방법에 대한 지식

과 이를 적용하는 능력이 정보를 쉽고 효율적으로 처리하는 밑바탕이 됨을 깨닫게 된다. 이 활동은 3차시의 개요 만들기를 위한 사전 작업도 되므로 시간이 걸리더라도 꼼꼼히 하는 게 좋다.

[전략 1] 생각그물로 계획하기

주제를 내면화·구체화하기

앞 시간에 설명 방법의 필요성과 종류를 학습했으니, 이제는 설명 방법을 활용해 글을 쓸 차례다. 첫 번째 단계는 어떤 글을 쓸 것인지 계획을 세우는 일이다.

계획하기란 글의 목적, 독자, 매체를 고려해 주제를 구체화하는 과정이다. 이 가운데 목적, 독자, 매체는 비교적 또렷하다. 목적은 정보 전달이고, 예상 독자는 반 친구들과 교사, 매체는 온라인 공유 문서다. 이런 요소는 교사가 정해 제시해줄 때가 많다.

문제는 주제를 내 삶과 엮어서 구체화하는 과정이다. 이때는 '생각그물(마인드맵)'이 도움이 된다. '우리 주변의 노동'을 주제로 브레인스토밍을 통해 길어 올린 여러 생각을 생각그물 형태로 정리하는 것이다. 학생들은 초등학교에서 이미 마인드맵을 접했기에 따로 가르치지 않아도 잘 따라했다.

먼저 주제를 내면화해야 한다. '우리 주변의 노동'이라는 대주제를 제시했다고 해서 학생들이 바로 세부 주제로 들어가기는 쉽지 않다. 그 주제를 '내 문제'로 받아들이는 과정이 필요하다. 주어진 주제를 자신의 문제로 인식하지 않으면 글쓰기 활동이 피상적인 수준에 머물 가능성이 크기 때문이다.

이때 브레인스토밍을 활용해 '우리 주변의 노동'과 관련해 떠오르는 생각을 자유롭게 말하도록 했다. 이건 사고의 물꼬를 트는 단계다. 물꼬 트기의 핵심은 물이 자연스럽게 흘러나와야 한다는 점이다. 그래서 판단이나 평가는 미루고, 칭찬과 격려로 말을 쏟아내기 편한 분위기를 만들었다. 학생들은 자유롭게 생각을 쏟아내면서 '노동'이라는 주제가 우리 삶 곳곳에 스며들어 있음을 자연스럽게 느끼게 된다.

다음으로 자신이 선택한 주제를 구체화하기 위해 생각그물을 짓도록 했다. 생각그물은 보통 내용 생성하기 단계에서 많이 사용하지만, 계획하기 활동에도 유용하다. 학생의 배경지식을 활성화할 뿐 아니라 관심사를 구체화해 세부 주제를 정하는 데 드는 품을 줄일 수 있기 때문이다. 특히 도형과 선을 사용해 중심 개념으로부터 파생되는 아이디어의 관계를 시각적으로 표현할 수 있다는 점에서 효과적이다. 학생의 사고 흐름을 한눈에 볼 수 있어 교사가 학습 상황을 점검하고 적절한 피드백을 제공하기에도 좋다.

한 학생은 '우리 주변의 노동'이라는 대주제로부터 학교에서 만날 수 있는 여러 직업 가운데 '보건 교사'에 주목해 '보건 선생님이 하시는 일과 되는 법'을 세부 주제로 정했다. 또 다른 학생은 학교 밖에서 만날 수 있는 여러 직업 가운데 배달 노동자에 주목해 '코로나19 상황 속 배달원들의 고충과 해결 방안'을 세부 주제로 정했다.

학생들이 설명하는 글쓰기를 어려워하는 이유는 무엇일까? 설명해야 할 대상을 자신과 동떨어진 '무엇'으로 인식하기 때문이다. '그게 나랑 무슨 상관이야?'라고 여긴다면 진심을 담아 글을 쓰기 어렵다. 이때 생각그물은 유용한 전략이 될 수 있다.

생각그물을 만들려면 자신의 배경지식을 총동원해 가지를 체계적으로 펼쳐야 한다. 그 과정에서 평소 생각하지 못했던 측면을 새롭게 바라보기도 한다. 이렇게 생각그물을 만들면서 주제를 내면화하고 구체화해야 학생들이 '나'를 담아 글을 쓸 수 있다. 어떻게 보면 이 단계는 글쓰기 수업의 성공과 실패를 가늠하는 시금석이라고 할 수 있다.

[전략 2] 모둠 대화로 글감 모으기
나의 부족함을 깨닫고 채우기

브레인스토밍과 생각그물을 바탕으로 세부 주제를 정했다면, 이제는 내용을 생성하는 단계다. 이때 활용할 수 있는 전략이 '모둠 대화'다. 이는 예상 독자를 실제화하는 데 효과적인 전략이다. 네 명으로 모둠을 만들고, 한 명씩 돌아가면서 자신의 글쓰기 주제를 모둠에 소개한다.

계획하기 활동으로 세부 주제와 글의 목적, 예상 독자와 매체 등 글의 방향을 잡았나요? 이제는 쓰고자 하는 내용을 찾아야 합니다. 건축에 비유하자면 청사진과 설계도를 준비한 뒤 철근, 시멘트, 모래, 자갈 같은 건축 자재를 모으는 일과 비슷합니다. 모둠 안에서 자신의 쓰기 계획을 보여주고, 학습지의 예시 질문을 참고해 질문한 뒤 답변을 정리하며 쓸 내용을 모아봅시다.

이때 모둠원들은 교사가 제공한 질문 목록을 참고해 발표자에게 질문한다.

• 발표자가 설명하려는 대상은 무엇인가?

• 설명 대상에 대해 발표자와 독자가 이미 알고 있는 것은
  무엇인가?

• 설명하려는 내용을 한 문장으로 어떻게 표현할 수 있는가?

• 주제를 전달하기 위해 어떤 구체적인 내용을 전개할 것인가?

• 필요한 내용을 어떤 방법으로 찾을 수 있는가?

• 설명 내용은 어떤 방식으로 조직할 것인가?

• 독자는 글에 대해 무엇을 알고 싶어 할 것이라고 예상하는가?

• 독자는 글에 대해 어떻게 반응할 것이라고 예상하는가?

학생들은 이런 질문에 충실히 대답하기 위해 치열하게 사고해야 한다. 배경지식이나 경험을 활용해 대답할 수 있는 질문이라면 쉽게 답할 수 있겠지만, 그렇지 않은 질문에 대해서는 일단 답변을 보류하고 추가 자료를 탐색해야 한다.

희진: 설명하려는 내용을 한 문장으로 나타낼 수 있어?

지우: 내가 쓰려는 주제는 코로나19 상황에서 선생님들이
　　　　학교에서 하시는 일을 설명하는 거야.

채원: 주제를 전달하기 위해 어떤 내용을 구체적으로 쓸 거야?

지우: 가운데 내용을 코로나19 상황 이전과 비교해서 똑같이

하는 일, 추가된 일, 없어진 일로 나누려고 해. 건강 상태 자가 진단에 응답했는지를 확인하거나, 자가 격리된 학생들을 위해 온라인에 수업 자료를 올리는 것 등이 추가된 일일 것 같아.

여진: 설명 방법은 어떤 걸 사용할 거야?

지우: 코로나19 상황 속 어려움을 원인으로, 새로 추가된 일을 결과로 하는 인과를 사용할 생각이야. 또 선생님들이 겪는 어려운 상황을 구체적으로 보여주기 위해 예시를 활용할 수도 있을 것 같아.

아무리 똑똑한 사람이라도 세상 모든 지식과 정보를 가지고 있을 수는 없다. 모둠 대화를 하다 보면 부족한 내용이 드러난다. 이를 보완하기 위해 추가 자료를 찾아 읽고 내용을 보충하도록 했다.

자료 탐색을 위해서는 검색창에 입력할 핵심 단어를 정해야 한다. 이를 위해 주제와 관련된 중요한 질문을 만들어야 한다. 예를 들어 "코로나19로 인해 교사의 역할이 어떻게 변했는가?" 같은 질문을 생성할 수 있다. 이를 바탕으로 "코로나19 이전과 이후는 어떤 점에서 달라졌는가?" "학교 내에서의 구체적인 변화는 무엇인가?"와 같은 연계 질문을 만들어 검색할 수 있다. 이 과정에서 '비대면 교육, 원격 수업 준비, 디지털 학습 도구, 학교 방역 관리, 교사의 정신적 고충'과 같은 핵심어를 도출하고 이를 추가로 검색해 더욱 풍부한 자료에 접근할 수 있다.

검색 결과에서 어떤 자료를 선택할지 고르려면 일정한 기준이 필요하다. 먼저 글쓴이나 출처가 분명한지, 공신력 있는 자료인지 확인해야 한다. 출처가 불분명한 개인 블로그나 광고성 기사를 성급하게 참고하면 안 된다. 위키 기반 자료는 특히 주의가 필요하다. 사실과 의견을 구분하지 않고 그대로 인용하면 글의 신뢰성을 의심받을 수 있기 때문이다. 아울러 글의 출처를 정확히 밝혀서 쓰기 윤리를 준수하도록 교사가 먼저 시범을 보여야 한다.

또 학생들이 탐색한 자료를 읽다가 새로운 정보를 찾았을 때는 자신의 배경지식을 토대로 검증하도록 이끌어야 한다. 기존의 앎을 바탕으로 낯선 내용을 이해하는 경험은 스키마를 확장시키고, 글쓰기 과정에서 지적 성취감을 맛보게 한다. 아울러 다른 사람의 글에 담긴 여러 관점을 파악하고, 자기 관점에서 수용하거나 비판하며 읽는 활동은 사고력을 키우는 데 도움이 된다. 이런 과정이 쌓이면 학생들의 글쓰기에 대한 긍정적인 인식도 한층 강화될 수 있다.

[전략 3] 이중 구조로 개요 만들기
간단한 구조, 복잡한 구조, 두 단계로 접근하기

내용 생성하기 다음에는 내용 조직하기 활동이 이어진다. 이때도 전략이 필요하다.

글쓰기에 부담을 느끼는 학생들에게는 가장 일반적인 '처음, 가운데, 끝' 구조를 제시하는 게 바람직하다. 독창적인 개요를 작성하려고 너무 욕심을 내면 자칫 중구난방이 될 수도 있기 때문이다. 기본 틀에 익숙한 학생이라면 좀 더 창의적인 개요에 도전할 수 있겠지만, 서로 다른 수준의 학생들이 한데 모인 교실에서 모두에게 그걸 요구해서는 안 된다.

하지만 '처음, 가운데, 끝'이라는 일반적인 구조만으로는 세부 내용을 충실하게 채우기 어렵다. 일반적인 구조 안에서도 상세 개요가 필요하다. 우리가 흔히 말하는 '내용 전개 방식'이다. 학생들은 이 단계에서 많은 어려움을 느낀다. 이때 1차시에 연습했던 설명 방법이 힘을 발휘한다. 교사가 안내한 설명 방법 10가지를 보면서 각자가 쓸 주제와 내용에 맞는 방식을 고르도록 하면 한결 편하게 접근할 수 있다.

이 외에도 다양한 방법이 있겠지만, 방법을 많이 알려준다고 학생들이 좋은 글을 쓸 수 있는 것은 아니다. 중요한 건 몇

244

처음	택배로 추석 선물을 받은 경험 택배 서비스가 없다면 우리 생활이 얼마나 불편할지 상상
가운데	1) 과도한 근무 시간(하루 14시간 이상) 　　원인: 기사 수에 비해 넓은 배송 구역 　　결과: 택배 기사의 열악한 노동 환경 2) 갑질 피해 　　예시: 일부 아파트 주민, 영업소의 부당한 요구 3) 해결 방안(회사, 정부, 시민)
끝	택배 기사에 대한 감사 해결 방안을 마련해야 하는 주체들의 책임 있는 자세

개의 전략이라도 확실히 익히고, 자기 글에 적용하는 연습을 반복하는 것이다. 그래야 제대로 활용할 수 있다.

물론 하나의 글에서 하나의 전개 방식만 써야 하는 건 아니다. 내용 전개에 따라 여러 방식을 효율적으로 활용할 수 있다. 앞의 표에서는 '처음, 가운데, 끝'이라는 일반 구조 안에서 원인-결과, 예시, 문제-해결 등의 방식을 활용해 내용을 전개하고 있다.

[전략 4] 내리쓰기로 초고 쓰기
친구에게 알려주듯 말로 쓰기, 멈추지 말고 내리쓰기

이제 본격적으로 글을 쓰는 단계다. 초고는 어디에 어떻게 쓰는 게 좋을까? 종이에 필기구로 쓸 수도 있지만, 워드 프로세서 환경에서 글을 쓰면 장점이 많다. 우선 학생들이 자신의 필체를 의식하지 않고 사고 과정을 빠르게 옮길 수 있어 쓰기에 대한 부담을 줄일 수 있다. 또 온라인 공유 문서 프로그램을 활용하면 작성 과정을 실시간으로 볼 수 있다. 따라서 교사가 학생의 사고 흐름을 파악하고 적절한 조언을 보태기도 편하다. 친구들과 글을 돌려 보며 의견을 주고받기에도 좋다.

중요한 건 중간에 절대로 멈추지 않고, 즉 자기 검열을 하지 않고 '막' 쓰는 것이다. 글을 쓰다가 자꾸 멈추면 속도가 붙지 않고, 그럴수록 자신감이 떨어져 결국 포기하게 되기 때문이다. 이때 학생들에게 강조한 두 가지가 '말로 쓰기'와 '내리쓰기'였다.

'구두 작문'이라고도 부르는 '말로 쓰기' 전략은 학생이 생성하고 조직한 내용을 지면에 쓰기 전에 일단 말로 표현하는 방법이다. 앞서 내용 생성하기 단계의 모둠 대화하기 전략과 비슷해 보이지만, 활동 목적과 결과에서 차이가 있다. '대화하

246

기'가 학생의 배경지식과 경험을 활성화하고 어떤 자료를 검색할지에 대한 단서를 마련하는 게 목적이었다면, '말로 쓰기'는 내용 조직의 결과물을 보면서 혼자 또는 짝을 상대로 말로 풀어내며 글의 전체적인 모습을 그려보는 데 주안점을 둔다. 말로 쓰기를 할 때 녹음과 전사를 할 수 있는 디지털 도구를 활용하면 개요를 기반으로 한 초고의 흐름을 한눈에 파악할 수 있고, 뒤이은 내리쓰기 활동의 동력을 확보할 수 있다.

'내리쓰기'는 쓰고자 하는 내용을 형식이나 문법에 얽매이지 않고 신속하게 써 내려가는 방법이다. 자기 검열 없이 제한된 시간 안에 쓰고자 하는 내용을 한 편의 글로 완성하는 데 목적을 둔다.

물은 높은 곳에서 낮은 곳으로 흐르죠? 글쓰기 역시 그런 방식으로 흘러가야 합니다. 멈추지 말고 계속 써보세요. 고칠 시간은 뒤에도 충분히 있습니다. 조금 어색하더라도, 우선은 내용 조직하기 활동에서 작성한 개요를 보면서 생각나는 대로 쏟아내보세요.

학생들이 글쓰기 단계를 원활히 해내려면 교사의 지속적인 관찰과 격려가 필요하다. 전통적인 방식대로 종이에 쓰도록 하면 교사의 순회 지도를 통해 학생들의 상황을 관찰하고 개별 조언을 줄 수 있다. 하지만 한 번에 한 명씩만 지도할 수 있다는 한계가 있다. 반면 온라인 공유 문서 프로그램을 활용하면 학급별로 만든 공유 드라이브에서 여러 학생의 글을 동시에 관찰할 수 있다. 이를 통해 글쓰기에 어려움을 겪는 학생을 찾아내 개별 질문을 던지고 조언을 제공할 수 있다.

교사: 커서가 2분 이상 멈춰 있는 걸 보니, 지금 어떤 내용을 써야 할지 몰라서 생각하고 있는 것 같은데 맞니?

정은: 네, 개요에서 준비한 내용을 다 썼는데 뭔가 부족해요.

교사: 그럴 땐 내용 생성하기 단계로 돌아가보렴. 추가 자료를 찾아 쓸 내용을 더 확보할 수 있단다. 글쓰기는 다음 단계로 넘어가면 끝나는 게 아니야. 언제든 앞 단계로 돌아가 활동할 수 있지.

정은: 내용을 더 만들기 위해 지금 글을 쓰고 있는 친구와 대화해도 되나요?

교사: 그 친구가 글쓰기를 잠시 멈추고 도와줄 수 있다면 괜찮아. 하지만 보통은 자기 활동에 집중하고 있을 테니, 지금은 자료를 찾아 읽는 게 더 좋겠다.

순조롭게 초고를 쓰는 학생이 있다면, 동의를 얻어 학급 전체가 볼 수 있도록 공유해 좋은 본보기로 삼을 수도 있다.

(여진에게) 여진이의 초고를 읽어보니 글의 짜임새와 표현이 무척 좋아. 앞선 활동을 열심히 한 보람이 있구나. 혹시 네 글을 반 전체에서 함께 봐도 될까? (여진이가 고개를 끄덕임)

(전체에게) 여러분! 활동을 잠시 멈추고 화면을 보세요. 여진이는 언어 학습에 관심이 있어서 언어와 관련된 직업을 소개하겠다고 계획을 세웠어요. 모둠 친구들과 대화하고 자료를 찾아 읽으면서 구체적인 직업 사례를 마련했고, '처음, 가운데, 끝' 구조에 따라 내용을 배치했네요. 여진이가 내용을 어떻게 배치했는지 살펴볼까요?

이는 앞서 언급한 학습 동기 이론에서 '관련성' '자신감'과 연결되는 사례다. 교사의 예시 글보다 친구의 글을 볼 때, 느린 학습자는 수행 과제와 자신과의 관련성을 더 강하게 느낄 수 있다. 또 친구의 성공 사례를 보며 자신도 할 수 있다는 자신감을 얻는다. 이런 동기 유발 요소가 학생들을 더 의욕적으로 글쓰기에 참여하게 만든다.

다음은 언어 학습에 관심이 많은 여진이가 작성한 개요와
이를 바탕으로 쓴 초고다.

처음	학교에서 배우는 언어 과목들(국어, 영어, 제2외국어) 언어와 관련된 직업에 대한 흥미 유발
가운데	1) 말하는 직업과 쓰는 직업 2) 말하기 직업의 장점 　① 사회성을 키울 수 있음 　② 말하는 능력 상승 3) 쓰기 직업의 장점 　① 상상력과 감수성 상승 　② 쓰기 능력 상승
끝	언어 관련 직업의 장점 요약 독자가 이 글을 읽고 기대하는 것은 무엇인가?

우리는 초등학교 1학년 때부터 지금까지 국어라는 과목을
배워오고 있습니다. 또 영어도 배워오고 있으며 이제는
제2외국어 또한 배웁니다. (공감 유발) 언어는 과학적인 요소들도
포함하고 있는데요. 저의 진로 분야이기도 한 이 언어. 도대체
이런 우리나라 말을 전문적으로 배워서 어떤 직업을 가질 수
있을까요? (질문)

언어와 관련된 직업들은 크게 말하는 직업과 쓰는 직업으로 나뉩니다. 말하는 직업에는 통역사, 변호사, 기자 등이 있고, 쓰기 직업에는 다양한 작가의 직업들이 있습니다.

우선 말하기 직업의 장점으로는

첫째, 사회성을 키울 수 있습니다. 직업 특성상 대부분은 언어를 말할 때 누군가에게 전해주기 위해 말을 하는데요. 이로써 여러 사람을 만나고 대화하고 이해하고 공감하며 이야기를 하면 사회성은 자연스럽게 키울 수 있습니다.

둘째, 언어를 말하는 능력이 상승됩니다. 말하는 직업이라면 위에서도 설명했듯이 정말 많은 다양한 사람과 이야기를 하게 되는데, 이때 말을 많이 해봄으로써 사람을 만났을 때 어떤 말을 어떻게 해야 하는지 다른 사람들에 비해 상대적으로 잘 알 수 있습니다.

이 직업의 경우 국어국문학과, 영어영문학과, 중국어학과 등 자신이 잘하거나 좋아하는 과목을 선택해 과별로 대학을 들어가게 됩니다.

그다음 쓰기 직업의 장점으로는

첫째, 상상력과 감수성을 상승시킬 수 있습니다. 대부분의 쓰기 직업은 자신의 상상력을 발휘해 글을 쓰는 직업인데, 이러한 쓰기를 하면서 자신의 상상력을 꺼내어 씀으로써 상상력을 상승시킬 수 있습니다. 또 쓰기 직업을 가진 사람들의 대부분은 저녁에 일을 하기 때문에 평소에 억제되어 있던 자신의 감정에 솔직해질 수 있습니다.

둘째, 쓰기 능력이 상승됩니다. 말하기 직업에서는 말하기 능력이 상승되는 것처럼 쓰기 직업을 가지게 된다면 정말 글 쓰는 시간이 늘어나 글쓰기 능력이 대폭 상승합니다.

이렇게 설명한 것처럼 언어라는 것은 많은 직업과 연결될 수 있고, 자신의 강점을 증폭시키거나 단점을 고치는 데 도움을 주는 등의 성장을 할 수 있습니다.

물론 사람마다 모두 다르기에 언어라는 것에 관심이 없을 수도 있겠지만, 이번에 저의 글을 읽음으로써 직업에 대한 지식도 넓히고 언어와 연관되어 있는 직업에 대해 하나 더 알아갔으면 하는 바람입니다.

[전략 5] 동료 첨삭으로 고쳐쓰기
PMI 기법으로 내 글 고치기, '작가의 의자'로 동료 피드백하기

초고를 작성했으면 이제 고쳐 쓸 단계다. 학생들은 초고까지 쓰면 글을 완성했다고 생각하지만, 당연히 그렇지 않다. 고쳐쓰기야말로 글쓰기 활동의 꽃이라고 강조해야 한다.

그런데 학생들에게 막연히 고치라고 하면 적절한 기준이 없어 방향을 잃고 표류하기 쉽다. 여러 방법이 있겠지만 창의성 계발 기법인 PMI(Plus, Minus, Interesting)를 활용해 자신의 글을 검토하도록 지도할 수 있다.

첫째, 자기 글에서 긍정적인 요소를 찾고, 그것을 글의 다른 부분에도 적용할 수 있는지 검토한다. 예를 들어 낯선 개념어를 어려워할 독자를 위해 쉬운 말로 풀어 썼다면, 이처럼 독자를 배려하는 태도를 글 전체로 확장할 수 있다.

둘째, 자기 글에서 보완하고 싶은 부분을 찾아 삭제하거나 대체하도록 한다. 글의 흐름을 막는 불필요한 문장을 삭제했다면, 그 기준을 다른 문장에도 적용해보는 것이다. 글 전체 차원에서 가독성을 높이기 위해 문단 순서를 조정할 수도 있다.

셋째, 자기 글의 독창적인 부분을 평가할 수 있다. 글에 나타난 개성을 스스로 인식하면 필자로서의 정체성을 확고히

하고 쓰기 효능감을 높일 수 있다.

여기까지 마쳤다면 이제 학생을 '작가의 의자'에 앉도록 할 시간이다. 학생 수가 적다면 교탁 옆이나 빙 둘러앉은 학생들 가운데에 의자를 둘 수도 있겠지만, 과밀 학급에서는 적용하기 어렵다. 대신 앞서 진행한 내용 생성하기 활동에서 구성한 모둠을 변형해 활용할 수 있다. 우선 학생 4명씩 모둠을 구성한 다음, 모둠마다 45분 수업을 10분씩 나눠 1번부터 4번까지 돌아가며 댓글로 피드백하는 방식이다.

모둠 안에서 번호 순서대로 10분간 글을 읽고 댓글을 남겨보세요. 잘된 점, 개선이 필요한 점, 글에 대한 한 줄 평 등을 쓰면 됩니다. 동료 피드백은 무엇보다 글쓴이가 더 깊이 생각할 수 있도록 도와야 합니다. 또 내용을 생산적으로 발전시킬 수 있는 아이디어를 제공해야 합니다.

예를 들어 혜주의 글에 대해 "이 글은 운동선수의 수입과 전망에 관한 내용이 부족해. 내용을 보완하려면 어떻게 해야 할까?"라고 묻는다면, 혜주는 자기 글의 아쉬운 점을 확인하고 내용을 보완하기 위해 무엇이 필요한지 더 깊이 생각할 수 있겠죠. 또 독자로서 '평균 수입과 전망'이라는 내용을 제안함으로써 글의 생산적 발전을 지원할 수 있습니다.

동료 피드백이 필요한 이유는 다음과 같다. 학생들의 쓰기 능력을 기르려면 충분한 연습 기회를 제공해야 하는데, 그러려면 무엇보다 완성도 높은 글을 써보는 경험이 필요하다. 이를 위해서는 학생이 자기 글을 스스로 평가하는 것뿐 아니라 동료 평가를 수용해 계속 수정·보완해야 한다. 이 활동을 통해 학생들은 초고의 구체적인 문제점을 파악하고 이를 수정할 수 있다. 또 타인의 글뿐 아니라 자신의 글을 평가하는 상위 인지 능력을 키울 수 있다.

친구의 글에 어떤 피드백을 달아야 할지 막막해하는 학생들을 위해 이렇게 안내할 수 있다.

친구의 글에 어떤 댓글을 남겨야 할지 막막하죠. 내가 친구의 글을 제대로 이해했는지, 내 댓글이 도움이 될지 자신이 없을 수도 있어요. 그럴 때는 두 가지 방법이 있어요. 먼저 읽은 내용을 자기 말로 바꿔서 댓글로 적는 것입니다. 예를 들어 "소방관이 되는 방법을 필기와 실기로 나눠 구체적으로 제시하니 이해가 잘된다"라는 댓글을 보면, 글쓴이는 자기 글에 대한 독자의 반응을 알 수 있겠죠. 또 독자로서 글쓴이에게 바라는 점을 요구할 수도 있어요. "번역가의 업무 영역과 보람을 제시해줬는데, 구체적 사례로 실제 직업인의 인터뷰가 들어가면 좋겠다"처럼요.

이런 식으로 학생들이 동료 피드백을 쉽게 할 수 있도록 지원하고 격려하면, 피드백의 질이 향상되고 고쳐쓰기에 큰 도움이 된다. 나아가 일정한 시간을 정해 서로의 글에 남긴 댓글을 읽고 대댓글을 달며 의견을 주고받을 수도 있다.

이 과정은 글쓴이에게 무척 뜻깊다. 글을 쓸 때 예상 독자를 고려하라고 배우지만, 머릿속에 어렴풋이 떠다니는 생각을 글로 붙잡는 일만 해도 힘든데 거기에 독자까지 고려하기란 거의 불가능에 가깝다. 그래서 일단은 '내리쓰기'를 하는 것이다. 그런 다음 시간을 정해 댓글을 주고받으며 소통하면, 막연했던 예상 독자를 실제 독자로 구체화할 수 있다. 독자와 직접 소통하고 그 의견을 반영해 자기 글을 고칠 수 있으니, 학생들에게는 의사소통으로서의 글쓰기를 경험하는 소중한 시간이 된다.

물론 이 같은 과정이 순탄하지만은 않다. 학생들은 교사의 피드백에는 익숙하지만, 친구 글에 반응하는 경험은 부족한 경우가 대부분이기 때문이다. 하지만 시행착오를 겪더라도 서로에게 피드백을 효과적으로 전달하는 방법을 배우는 것은 학생 자신뿐 아니라 능동적인 배움이 일어나는 교실 분위기를 형성하는 데도 매우 유익하다.

[정리] 자기 평가로 배움 갈무리하기

학생들에게는 무엇이 남을까?

동료 피드백을 통한 고쳐쓰기를 마무리하면 최종적으로 글쓰기 수업의 결과물을 확인하고 평가할 차례다. 보통 글쓰기 평가라고 하면 교사가 학생의 수행평가 결과물을 채점하고 그 결과를 기록하는 장면이 떠오른다. 물론 성적 처리를 위해 교사가 학생 글에 점수를 매기고 입력해야 하지만, 이와 별도로 학생들이 자신의 글쓰기 과정과 결과를 되돌아보고 평가하는 기회를 제공하면 필자로서의 정체성을 강화하는 데 도움이 된다.

먼저 계획하기부터 고쳐쓰기까지 사용했던 다섯 단계의 전략을 검토하고 점검하는 활동을 했다. 이는 상위 인지의 세 가지 요소인 '계획, 점검, 조절' 가운데 점검과 조절에 해당하는 활동이다. 우선 글쓰기 단계와 활용 전략을 정리해 제시했다.

[1단계] 생각그물로 계획하기

[2단계] 모둠 대화로 글감 모으기

[3단계] 이중 구조로 개요 만들기

[4단계] 내리쓰기로 초고 쓰기

[5단계] 동료 첨삭으로 고쳐쓰기

그리고 이 다섯 단계에 속하는 전략 가운데 두 가지를 골라 그 전략이 글쓰기에 어떤 도움이 되었는지 적도록 했다. 이 활동은 매우 중요하다. 학생들이 글쓰기 과정에서 활용한 전략을 확인하고 의미를 성찰하며, 더 나아가 앞으로 다른 글을 쓸 때도 이런 전략들을 활용할 수 있는 밑바탕이 되기 때문이다. 다음은 학생들의 답변 일부다.

생각그물로 계획하기

- 정해진 시간을 두고 그때 떠오르는 아이디어를 바로바로 적으니까 내가 선택한 주제와 관련된 많은 정보를 얻을 수 있었다.
- 주제에 대해 생각나는 것을 비슷한 내용끼리 묶어서 정리하니까 모르는 부분이 뭔지, 그걸 얼마나 조사해야 할지 파악할 수 있었다.

모둠 대화로 글감 모으기

- 나만의 아이디어 이외에 여러 실용적인 아이디어를 확보하며 이야기를 나누고 생각을 구체화해 나타낼 수 있었다.

- 생각그물 만들기를 하면서 떠올렸던 것을 인터넷, 책과 같은 매체를 활용해 자료를 찾으니 훨씬 전문적인 지식을 확보해 풍부하고 정확한 글을 쓸 수 있었다.

이중 구조로 개요 만들기

- 내가 어떤 내용의 글을 써야 하는지 알아보기 편했고, 글을 쓸 때 처음에 계획한 것을 중간중간 잊어버리거나 내가 원래 쓰려고 했던 내용에서 너무 벗어나면 개요를 보고 고칠 수 있어서 효율적이었다.
- 개요를 먼저 만드니까 실제로 글을 쓸 때 고민하는 시간이 줄어서 글을 더 빠르게 쓸 수 있었다.

내리쓰기로 초고 쓰기

- 글의 형식과 어법에 구애받지 않고 신속하게 써 내려가면서 내가 알고 있는 배경지식이나 가지고 있는 생각을 나열해볼 수 있었다.
- 내가 쓰고 싶은 내용을 단번에 다 써봤다. 이 전략은 글의 구조를 잡을 때 도움이 되었고, 고칠 점이 한눈에 보여서 편리했다.

동료 첨삭으로 고쳐쓰기

- 친구가 내 글을 읽고 평가한다고 생각하니 더 잘 써야겠다고 마음먹게 되었다.
- 친구의 글을 읽으며 평가하니 내 글에서 무엇을 고쳐야 하는지도 더 잘 보였다.

앞에서 PMI 기법을 활용해 본인이 쓴 글을 스스로 검토하는 방법을 소개했다. 그와 더불어 간단한 평가표를 제공해 점수를 매겨볼 수도 있다. 하지만 이는 잘잘못을 따지려는 게 아님을 분명히 해야 한다. 자신의 쓰기 결과를 스스로 평가함으로써 다음 글쓰기 때 더 발전할 수 있는 밑거름으로 삼는 데 목적이 있다.

수업 후 학생들의 눈빛은 단원 시작 전보다 더 생기가 돈다. 힘겨운 과정을 거쳐 한 편의 글을 써냈다는 뿌듯함과, 여섯 차시의 수업을 통해 한 뼘 더 성장했음을 스스로 느끼기 때문이다.

물론 여섯 차시의 쓰기 수업만으로 모든 학생이 쓰기에 긍정적인 인식을 가지거나 글쓰기 능력이 비약적으로 발전하기는 어려울 것이다. 하지만 이 수업을 통해 글쓰기가 타고난 능력을 지닌 소수의 전유물이 아니라, 글쓴이의 관심사와 독자

목표	설명 대상의 특징이 분명하게 드러나도록 글을 쓸 수 있다.
내용	글의 주제가 또렷하게 드러난다.
	주장에 대한 근거가 타당하고 다양하다.
	주제와 근거가 자연스럽게 연결된다.
조직	내용과 형식을 고려해 문단을 적절히 나눴다.
	하나의 문단 안에서 중심 문장과 뒷받침 문장이 잘 연결된다.
	글 전체에서 처음, 가운데, 끝의 흐름이 또렷하게 드러난다.
표현	문장이 매끄럽고 자연스럽게 읽힌다.
	내용 전달에 적절한 설명 방법을 효과적으로 사용했다.
	어휘 중복을 피하고 적절한 어휘를 사용했다.
맞춤법 및 태도	맞춤법, 띄어쓰기 등 어문 규정을 잘 지켰다.
	글쓰기 활동에 즐겁게 참여했다.
	글쓰기에 대한 자신감이 늘었다.

의 요구에 기반한 사회적 의사소통임을 체득했기를 바란다.

가끔 졸업생들이 찾아와 안부 인사를 하면서 글쓰기 활동을 회상하기도 한다. 이럴 때 교사로서 보람을 느낀다.

선생님, 고등학교에서도 작문 과정에 따라 글쓰기 하는 게 있는데요. 2학년 때 했던 돌려 읽고 댓글 달기 활동이 도움이 많이 됐어요. 읽을 사람을 생각하며 글을 쓰니까 저 혼자만 아는 이야기를 쓰다가도 지우게 되고, 짝이랑 초고를 바꿔서 읽어보고 댓글을 써주니까 완성도를 높이는 데 도움이 되더라고요. 유익한 수업을 준비해주셔서 고맙습니다.

학생들은 앞으로 살아가면서 수많은 상황에서 다양한 글을 쓰게 될 것이다. 한참의 시간이 흘러서 이들이 글쓰기 과제에 직면했을 때, 우리가 함께 한 편의 글을 완성하고 머리를 맞대어 다듬었던 경험이 문제 상황을 해결하는 방법으로서 글쓰기의 길을 알려주는 또렷한 이정표로 빛나기를 소망해본다.

시국 선언문 쓰기

행동하는 지성과
'쓰기'의 윤리

세상의 중심에서
SDGs를 외치다

김윤형

“선생님, 편의점에서 아르바이트하는 사람들이 최저시급을
받는 건 그 사람들이 노력하지 않았기 때문인데, 저희가 그 대
가를 치러야 하는 게 맞나요?”

근래 학생들이 능력주의에 심취해 있다고는 하지만, 과학
중점학교에서 많은 차별을 받는 사회탐구 선택반(문과반) 학
생에게 이런 질문을 받을 줄은 몰랐다. 나는 당황스러운 목소
리로 답했다.

“아르바이트하는 사람들이 왜 노력하지 않은 사람들이야?
최저시급이 오르는 게 왜 너희가 대가를 치르는 거야?”

“열심히 공부 안 해서 거기서 일하는 거 아니에요? 그 사람
들이 공부를 안 한 건데, 왜 최저시급을 올려야 해요? 아르바
이트하기 싫으면 공부해야죠.”

조세희 작가의 〈은강 노동 가족의 생계비〉를 읽고 '2023년 최저시급의 적절성'을 주제로 찬반 토론문을 작성하는 수업이었다. 경기도 남부의 교육 과열 지구에 있는 과학중점학교에는 사회탐구 과목을 선택한 학급이 단 두 반밖에 없었다. 그중에서도 국어가 좋아서라기보다 영어가 싫어서 온 학생들이 더 많은 '심화국어' 수업 시간에 일어난 일이었다.

공감의 윤리
타인의 아픔에 공감하지 못하는 아이들

심화국어 수업을 듣는 학생들은 과학중점반 학생들에게 드러나지 않게, 때로는 대놓고 무시당하곤 했다. 교사가 있어도 사회탐구 선택 학생들을 실패자처럼 여기는 과학탐구 선택 학생들을 볼 때면 크게 화를 냈지만, 심화국어반 학생들은 자신들이 실력이 없어서 그런 것이니 맞는 말이라며 과학중점반 학생들의 업신여김을 겸허하게(?) 받아들였다.

평소 차별 대우를 받는 학생들인 만큼, 누군가를 무시하는 학생들보다 타인의 아픔에 더 공감하고 강하게 연대할 것이라고 믿었다. 하지만 내가 마주한 교실 속 학생들은 자신을 무

268

시하는 기준이었던 '성과주의' '능력주의'의 잣대를 타인에게 똑같이 들이대며 누군가의 가치를 판단하고 있었다. 아이들은 여러 차별을 경험하며 자신뿐 아니라 타인까지도 냉소적으로 바라보고 있었던 것이다.

하지만 학생들이 악의를 가지고 그런 말을 한 것이 아님을 잘 알고 있었기에 놀란 가슴을 가라앉히고 왜 이런 반응이 나왔는지 생각해봤다. '세상을 아름답게 만들어갈, 행동하는 지성인'을 길러내고자 조세희 작가의 작품을 읽게 했지만, 학생들은 자신이 자란 경험에 비춰 21세기 '난장이' 가족의 '능력'을 수치화해 평가했다. 교실에서 공허하게 '연대'를 외치는 것만으로는 학생들의 마음을 끌어낼 수 없음을 뼈저리게 느낀, 명백히 실패한 수업이었다.

어떻게 해야 학생들의 타자화된 태도를 공감적 태도로 바꿀 수 있을까? 공감에서 연대로 나아가는 방법은 무엇일까? 해당 수업을 통해 기울어진 현 사회에서 '비어 있는' '연대·정의·올바름'을 전달하지 않으려면 감정에만 호소해서는 안 된다는 사실을, 교사가 철저하게 수업을 설계해야 한다는 사실을 배울 수 있었다.

쓰기의 윤리

타인의 주장을 자신의 주장이라 착각하는 아이들

이 수업은 쓰기 교육 측면에서도 큰 문제를 인식하는 계기가 되었다. 학생들의 글은 주장도 근거도 비슷해 뜨겁지도 차갑지도 않은 것이 태반이었다. 교사인 나 역시 학생들의 온도에 맞춰 미지근한 태도로 논설문을 읽으며 채점했다.

그러던 중 연우의 논설문을 읽는 순간 묘한 기시감을 느꼈다. '어디서 본 문장인데?' 앞서 읽었던 글들을 빠르게 훑어보니, 비슷한 수준이 아니라 토씨 하나 빠뜨리지 않고 똑같이 적힌 두 문장이 눈에 들어왔다. 진영이의 논설문이었다. '학원에서 대필해줬나?' 물론 이번 수행평가는 개요를 세우고, 거기에 맞춰 글감을 찾고 정리하는 것을 모두 수업 시간에 여러 차시에 걸쳐 진행했기 때문에 그런 일은 불가능했다. 하지만 사교육 열기가 뜨거운 지역이다 보니 순간 그런 의심까지 든 것이다. 그렇지만 절대평가 과목에서 이렇게까지 할 일은 아니라 생각해 연우와 진영이를 교무실로 불렀다.

"얘들아, 이 상황 좀 설명해봐. 너희 둘, 혹시 학원에서 대신 써준 거 그대로 적은 거니?"

"저 그냥 논문에 있는 내용 그대로 적었는데요?"

연우와 진영이의 이야기는 이러했다. 둘은 같은 논문을 읽었고, 그 안에서 자신이 차용하고 싶은 문장을 그대로 옮겨 적은 것이었다. 우연히 두 학생이 인용한 문장이 동일했을 뿐이라는 것이다. 그런데도 학생들의 얼굴은 자신이 어떤 잘못을 했는지 전혀 인지하지 못한 듯, 해맑기만 했다. 서로에게 "너도 그 논문 읽었어?" 하며 묻는 학생들은 자신이 공감한 연구자의 주장을 마치 자기 주장처럼 표절했음에도, 그게 표절인지조차 모르고 있었다. 이런 일이 생긴 근본적인 이유는 이 학생들이 고등학교 2학년이 될 때까지 자료를 인용하는 방법과 출처를 밝히는 방식을 정식으로 배우지 못했기 때문이라 추측했다.

근래 고등학교에서는 학생들에게 전문 저널이나 논문을 통해 전문적인 지식을 습득하도록 권장하고, 관련 활동을 여러 과목에서 운영하고 있다. 하지만 정작 타인의 저작물을 사용할 때 필요한 윤리적 태도와 방안을 가르치는 경우는 드물다. 그러다 보니 고등학교를 넘어 대학교, 대학원에서도 표절 문제가 빈번하게 일어나고 있다. 한국연구재단 조사에 따르면 대학생의 43.1퍼센트가 "연구 윤리 교육을 한 번도 받은 적이 없다"라고 답했다고 한다. 그렇다면 교사들은 왜 정규 수업에서 연구 윤리를 가르치지 않는 것일까? 이는 교사들 역시 체

단계		차시	수업 내용	
전	1단계	1~2차시	글감 찾기: 지속가능발전목표(SDGs) 중심으로 해결해야 할 문제 탐구하기	
		3차시	신문을 통해 한국 사회 살펴보기, 육하원칙을 활용해 자기 말로 요약하기	
중	2단계	4차시	시국 선언문 속 요소 파악 후 자료 탐색 계획 세우기	실제 글쓰기
	3단계	5~6차시	정보원별 출처 표기 방식 학습 후 정보 탐색하기	
	4단계	7~8차시	〈최만리의 상소문〉을 바탕으로 주장하는 글의 요소 파악하기, 문제 해결 방안 토의하기	
후	5단계	9~10차시	시국 선언문 개요 작성, 글쓰기 후 복도에 시국 선언문 게시하기	

계적으로 그런 교육을 받은 경험이 없거나 혹은 적기 때문이 아닐까?

교사라면 누구나 학생들이 올바른 가치관을 가지고 사회를 바꾸기 위해 노력해주기를 바랄 것이다. 글을 쓰는 이들은 사회를 바르게 바꾸기 위해 올바른 주장을 펼칠 수 있는 윤리를 갖춰야 한다. 또 그 주장을 풀어내는 과정에서 타인의 저작권을 존중할 줄 아는 쓰기 윤리가 있어야 한다. 그래야만 그 외침이 더욱 아름답고 의미 있게 울릴 수 있을 것이다. 이처럼 글을 쓰는 사람이 반드시 갖춰야 할 두 가지 윤리를 중심으로, 사서 교사와 협력해 운영한 '세상의 중심에서 SDGs(지속가능발전목표)를 외치다' 수업을 풀어내고자 한다.

[1~2차시] **지속가능한 인류의 꿈**
뻔한 글감은 이제 그만, 내 옆의 생동하는 사회적 의제들

학생들에게 "너희가 생각하는 사회문제는 뭐니?"라고 질문하면 10명 중 9명 정도는 '기후 문제' '환경오염 문제' '고령화 사회'를 이야기할 것이다. 옆자리에 앉은 1학년 통합사회 과목을 가르치던 선생님은 사회문제 및 해결 방안에 관한 글쓰기를 수행평가로 진행한 뒤, 학생들의 제출물을 보고 후회했다고 한다. 학교생활기록부 개별화를 위해 주제를 지정하지 않고 진행한 수행평가였는데, 대부분 학생이 거의 동일한 사회문제를 선정했을 뿐 아니라 그 해결 방안도 비슷했다는 것이다. 남 일이 아니었다. 우리는 해마다 이러한 난처함을 겪으면서도 학생들에게 새로운 사회문제를 찾을 방안을 명확하

게 제시하지 못하고 있었다. 그러다 교사들의 고민을 해결해 줄 만한 꽤 괜찮은 방안을 찾아냈다. 학생들의 단편적인 시야를 넓혀줄 수 있는, 바로 2015년에 등장한 지속가능발전목표(SDGs, Sustainable Development Goals)다.

'지속가능발전목표'란 '2030년까지 모든 사람이 평화와 번영을 누릴 수 있는 권리를 보장하기 위해 유엔이 상정한 17개의 목표'를 말한다. 사람, 환경, 번영, 평화·협력(파트너십)이라는 4개의 영역에서 인류가 나아가야 할 방향성을 17개의 목표와 169개의 세부 목표로 제시하고 있다. 구체적인 17개의 목표를 본 학생들은 자신이 인지하지 못했던 사회문제 영역을 떠올릴 수 있다. 또 단순히 영역의 확장뿐 아니라 자신의 일상에서 최근 경험하거나 목격한 여러 사회문제까지 떠올리게 된다.

본격적인 글쓰기에 앞서, 학업 성취도가 낮은 심화국어반 학생들의 관심을 끌기 위해 간단한 카드놀이를 구상했다. SDGs의 17개 목표가 각각 적힌 카드 한 세트를 각 모둠에 배분한 뒤, 모둠별로 4개의 영역을 기준으로 17개 목표를 분류하는 활동을 진행했다. 학생들은 각 영역의 특징이 적힌 활동지를 보고, 목표 카드를 이리저리 옮겨 넣어봤다. 그러면서 모둠원끼리 왜 이 카드가 그 영역에 들어가야 하는지 토의하며 해당 영역의 특성을 이해하고자 노력했다.

표2 SDGs 전략 영역과 세부 목표

전략	목표
사람 영역	제1 목표: 빈곤층 감소와 사회 안전망 강화
	제2 목표: 식량 안보 및 지속가능한 농업 강화
	제3 목표: 건강하고 행복한 삶 보장
	제4 목표: 모두를 위한 양질의 교육
	제5 목표: 성평등 보장
환경 영역	제6 목표: 건강하고 안전한 물 관리
	제12 목표: 지속가능한 생산과 소비
	제13 목표: 기후변화와 대응
	제14 목표: 해양 생태계 보전
	제15 목표: 육상 생태계 보전
번영 영역	제7 목표: 에너지의 친환경적 생산과 소비
	제8 목표: 좋은 일자리 확대와 경제 성장
	제9 목표: 산업 성장과 혁신 활성화 및 사회 기반 시설 구축
	제10 목표: 모든 종류의 불평등 해소
	제11 목표: 지속가능한 도시와 주거지 조성
평화·협력 영역	제16 목표: 평화·정의·포용
	제17 목표: 지구촌 협력 강화

카드 활동이 끝난 뒤 각 영역의 목표를 공개했다. 1학기 자율 교육과정에서 중심 주제로 다뤘던 환경 영역 목표를 제외하고, 남은 12개 목표 중 모둠 수 8개에 맞춰 모둠별로 '빈곤층 감소' '식량 안보' '건강하고 행복한 삶 보장' '모두를 위한 양질의 교육' '지속가능한 도시와 주거지 조성' '좋은 일자리 확대와 경제 성장, 산업 성장 구축' '성평등 보장, 모든 종류의 불평등 해소' '평화·정의·포용, 지구촌 협력 강화' 중 하나를 선택하도록 했다. 모둠별로 각기 다른 주제를 선택하도록 한 이유는 학생들이 다양한 사회문제에 관심을 가지기를 바라는 교사의 욕심이자 바람 때문이다.

학생들이 목표를 선택하기 전, 해당 목표와 관련 있는 사건들을 상기시키는 과정이 필요했다. 목표 이름은 추상적이기도 하고, 사회문제나 사건의 이름에 학생들이 해결하고자 하는 키워드가 명확하게 드러나 있지 않은 경우가 훨씬 많기 때문이다. 사서 선생님은 수업 준비를 위해 여름 방학 한 달 전부터 학교에 배치되는 신문을 차곡차곡 모으셨다. 하루 여덟 종류의 신문, 두 달 가까이 모은 신문으로 36명인 심화국어반 학생들은 한 사람당 서너 부의 신문을 제공받아 활동에 임했다. 우리(나와 사서 선생님)는 한 신문의 첫 장을 들고 학생들에게 질문했다.

"자, 방학 중 신문이에요. '폭염 작업중지권. 배달 기사들은 왜 기후 실업 급여를 요구하나.' 배달 기사들의 이야기를 담고 있는 기사네요. 이는 어떤 목표와 연결 지을 수 있을까요?"

"8번 목표 '좋은 일자리 확대와 경제 성장'이요."

"맞아요! 또 배달 기사들이 이런 환경에 지속적으로 노출되면 어떻게 될까요?"

"건강이 악화될 수도 있어요. 3번 목표 '건강하고 행복한 삶 보장'과도 연결할 수 있지 않을까요?"

신문 기사 두세 개를 더 인용해 위와 같이 설명하자, 학생들은 같은 사건도 관점에 따라 다르게 접근할 수 있다는 것을 인지했다.

이후 모둠 목표를 선택할 때는 경매 방식으로 진행했다. 낯선 주제는 학생들이 꺼리며 몰림 현상이 일어났으나, 학생들이 낯설어하는 목표를 관심사나 진로와 연계할 수 있도록 각 목표에서 추구하는 방향을 설명해 낯선 주제도 두려움 없이 선택하도록 독려했다. 만약 SDGs를 강의식으로만 설명했더라면 10분 안에 끝났을 것이다. 하지만 거의 두 달 동안 진행하는 긴 프로젝트 수업을 원활하게 운영하기 위해서는 무엇보다도 학생들의 자발성이 중요했다. 그래서 예상보다 긴 두 차시의 시간이 필요했다.

공감의 구심력에서 원심력으로

학업에 크게 관심을 보이지는 않았지만, 심화국어반 학생들은 복도나 운동장에서 교사를 보면 언제나 밝게 웃으며 인사하고 먼저 말을 건네는 다정한 아이들이었다. 그런데 왜 이 다정한 학생들이 '난장이' 가족에게는 그렇게 냉정한 기준을 들이댔을까? 왜 '난장이'들에게는 감정을 이입하지 못했을까?

이는 학생 개인의 선악에 의한 것이 아니라, 인간이 초사회성과 연결된 부분에 의한 것이었다. 서울대학교 장대익 교수는 과학 칼럼 〈공감의 반경은 어디까지 확대될 수 있는가?〉에서 공감에는 두 방향성이 있다고 설명한다. 공감의 구심력은 공감의 반경을 좁히려는 힘으로, 혈연 선택이나 호혜성처럼 혈연이나 친구 정도로 이타성의 적용 범위를 한정하는 힘을 의미한다. 반면 공감의 원심력은 정서적 공감과 역지사지 능력이 기존의 외집단까지 확장되려는 경향성을 의미한다. 따라서 인간은 생물학적으로 가족과 친지의 고통에는 자동으로 공감하지만, 그 이상의 범위에서는 자동으로 감정 이입이 일어나지 않기에 이성의 힘으로 공감의 반경을 넓혀왔다는 것이다. 동일한 사건을 다루더라도 수치화된 지표와 함께 전달되는 뉴스보다 시사 예능 프로그램 〈꼬리에 꼬리를 무는 그날 이야기〉에서 패널들이 전달하는 사건 관련자의 이야기가 더 가슴 아프게 다가오는 이유가 바로 여기에 있다.

이렇게 보면 학생들이 '난장이' 가족에게 공감하지 못한 이유는 결국 그들을 잘 알지 못했고, 낯설었기 때문이다. 즉, 소수자를 타자화하는 태도는 소수자에 대한 이해 부족에서 발생한다. 성인조차도 이성을 활용해야만 공감의 원심력을 끌어낼 수 있다. 하물며 아직 다양한 경험을 충분히 하지 못했고, 학업이라는 커다란 과제 앞에서 사회에 눈을 돌릴 시간이 없었던 학생들에게 낯선 대상에게까지 공감의 원심력을 끌어내라고 하는 건 교사의 욕심이다.

그렇다면 교사가 학생들에게서 공감의 원심력을 끌어내기 위해서는 어떤 구성이 필요할까? 바로 학생들이 지닌 공감의 구심력을 활용하는 전략이 필요하다. 가까운 이들의 이야기로 시작해 만들어진 공감의 힘을 바깥으로 뻗어간다면, 그 힘은 어떤 것보다도 단단하고 포근하리라 기대했다. 그래서 우리는 추상적인 문제부터 다루는 대신, 구체적인 사건을 조사하는 것부터 시작하기로 했다. 누군가의 구체적인 삶이 담긴 사건을 찾아본다면 학생들의 공감은 누구보다 깊어질 것이다. 그 힘은 자아와 가족, 친구를 넘어 지역 공동체, 나아가 국가와 모든 생물체로 확장될 수 있으리라 기대했다.

그래서 우리는 신문 기사를 톺아보는 시간을 가졌다. 학생들에게 방학 동안 우리 사회에 어떤 일이 일어났는지를 읽고, 모둠이 선정한 목표에 맞는 기사를 스크랩하도록 했다.

그리고 SDGs의 17개 목표와 169개 세부 목표가 담긴 활동지를 제공해, 학생들이 중요 키워드에 원을 치거나 형광펜으로 표시하도록 안내했다. 각자 앞에 놓인 신문 속에 담긴 사건들이 어떻게 목표와 연결되는지 '키워드'를 찾을 수 있기 때문이다.

예를 들어 '좋은 일자리 확대와 경제 성장'이라는 목표의 세부 목표를 보면 '중소기업'과 '소상공인'이 함께 성장을 이뤄야 하고, 동일한 '노동'에 대해서는 '임금'이 동일하게 지급되어야 한다는 것을 깨닫게 해준다. 또 학생들에게는 낯설거나 혹은 생각지 못했던 '이주 노동자' '취약 그룹 노동자' '근로 환경'과 같은 핵심 키워드를 제공해줌으로써 기사 내용에서 연결 지점을 원활하게 찾을 수 있도록 도와준다. 학생들은 종합지와 지역지, 전문지를 섞어서 한 사람당 세 부의 신문을 가지고 활동을 진행했다.

신문을 열심히 톺아보고, 모둠이 선정한 주제를 담고 있는 기사 세 개를 골라 촬영한 후 온라인 조직자(Allo)에 올리게 했

번영 영역	제8 목표: 좋은 일자리 확대와 경제 성장
8 좋은 일자리 확대와 경제성장	세부 목표 8-1. 모두가 행복해지는 경제 성장을 한다. 세부 목표 8-2. 좋은 일자리 창출을 위한 정책을 강화한다. 세부 목표 8-3. (신설) 중소기업 및 소상공인의 성장을 촉진한다. 세부 목표 8-4. 동일한 가치 노동에 대해 동일한 임금을 지급한다. 세부 목표 8-5. (보완) 이주 노동자 등 취약 그룹 노동자의 권리 보호를 확대한다. 세부 목표 8-6. 모든 근로자의 권리를 보호하고, 안전하고 건강한 근로 환경을 조성한다.

다. 수업 시간에 활동지를 나눠줘도 잃어버리는 학생이 많은 터라 다음 차시에 수업을 이어가기 위한 소소한 대책이었다.

그리고 스크랩한 기사 중 가장 인상 깊은 것을 선정해 그 중심 내용을 파악하게 했다. 이를 5W1H, 즉 '언제, 어디서, 누가, 무엇을, 어떻게, 왜'의 육하원칙에 따라 두세 문장 정도로 요약하도록 안내했다(의외로 많은 학생이 육하원칙 요소를 계속 물어보기 때문에 온라인 조직자 활동지 상단에도 이를 적어뒀다). 특히 학생들이 자료를 인용하면서 문장을 통째로 표절하지 않도록, 간접 인용인 '요약'이라는 방식에 주목했다. 그래서 자료의 요지를 자신의 말로 요약하거나, 더 나아가 논리적 흐름은 유지하되 다른 표현으로 의역하는 바꿔 쓰기를 해보도록 했다.

"기사에 여섯 개의 요소가 다 있으면 좋겠지만, '어떻게'나 '왜'는 없을 때가 있어요. 가장 중요한 건 '언제, 어디서, 누가, 무엇을' 했다는 게 꼭 들어가야 한다는 사실이에요."

"선생님, 이 기사에는 '누가'가 없어요."

"이 기사에는 명시적으로 '누가'가 드러나 있지는 않네. 그렇지만 이 주장을 하는 사람들은 누구일까? 그렇죠. 의사들일 수밖에 없겠지? 모든 기사가 친절하게 육하원칙으로 내용을 안내하지는 않아. 그럴 땐 글 속의 여러 내용 요소를 종합해서 추론해보는 거야."

[4차시] 우리의 글이 세상을 바꿀 수 있을까?
사회가 독자다, 시국 선언문의 요소 해부하기

"선생님, 시국 선언문이 뭐예요?"
이제 모둠별로 정한 글감을 가지고 '시국 선언문 쓰기' 수업을 하겠다고 하자, 한 학생이 순진무구한 표정으로 물어왔다. 아뿔싸, 낭패였다. 왜 당연히 학생들이 알 거라고 생각했을까? 그래서 다급히 시국 선언문 PPT 자료를 제작했다. 자료를 준비하며 나도 다시 한번 생각할 수 있었다. 교사인 나는 왜 학생들과 시국 선언문을 작성하고 싶었는지, 그리고 왜 학생들의 시국 선언문을 대자보 형식으로 복도에 게시하고 싶었는지.

2010년대에 대학생이었던 우리는 이른바 '안녕 세대'였다. 2013년 코레일 노조 파업을 보고 한 대학생이 대학교 후문에 청년들에게 '안녕'을 묻는 대자보를 붙였다. 우리는 사회가 이래서는 안 된다고 술잔을 기울이며 이야기 나눴지만, 골방에서의 비판은 사회에 어떤 영향도 미치지 못하고 그 자리에서 휘발될 뿐이었다. 우리는 비판만 할 뿐, 어떤 행동도 하지 않았기 때문이다. 그러던 때에 등장한 대자보는 그 대상이 사회를 향해 있었기에 큰 파장을 일으켰다. 대자보를 읽은 사람들은 이제껏 잘 의식하지 못했던, 혹은 외면하고 있던 사회문제를 인식하고 문제의식을 지니게 되었으며, 동시에 지금까지의 자신을 부끄럽게 여겼다.

사회가 바뀌기 위해서는 행동해야 한다는 경종을 울렸던 '안녕들 하십니까' 대자보. 이후 여러 청년이 그 대자보에 답하듯 대학교 게시판과 개인 SNS 등에 부끄러운 고백을 쓸 때, 나는 며칠 동안 쓴 글을 퇴고하다가 결국 올리지 못했다. 말로 이야기할 때와 달리 한 자 한 자 고민하며 적어내려간 나의 대자보는 비록 게시하지는 못했으나, 이 사회를 독자로 상정하고 글을 쓴 첫 경험이었다.

지난 학기 심화국어 수업에서 학생들이 작성한 '최저시급의 적절성'에 관한 논설문은 대개 거창한 대안을 제시하거나 냉혹한 현실을 이야기하면서 어려운 경제 논리와 사회 현상 분석 자료들을 나열했음에도 글의 무게는 가벼웠다. 필자인 학생과 독자인 교사 모두가 그 글을 수행평가 그 이상도 이하도 아니게 대했기 때문일 것이다. 하지만 만약 독자가 교사가 아니라 사회라면, 글을 준비하고 작성하는 학생들의 태도가 이전보다 훨씬 진중해질 수 있지 않을까?

대학 시절을 떠올리며 필자로서 변화할 학생들의 모습, 나아가 독자로서도 변화할 학생들과 교사들의 모습을 그려봤다. 자신이 쓴 시국 선언문이 복도에 게시되고, 그 글을 읽는 이들에게 어떤 경종을 울리는 경험을 한 학생들이라면 언젠가는 용기를 내어 사회적 행동을 하게 되지 않을까? 누구보다도 올바른 말을 쓸 줄 아는 '쓰는 사람의 윤리'의 무게를 알고 행동하는 어른으로 자라리라는 믿음이 확신으로 굳어졌다.

먼저 '시국'과 '시국 선언문'의 사전적 정의를 안내한 뒤, 예시 글로 세 편의 시국 선언문을 제공했다. 시대와 시국 선언의 주체, 문제, 형식 등을 다양하게 제공해 학생들이 예시 글을 모방하는 것에 그치지 않도록 했다.

첫 번째 시국 선언문은 코로나19 사태의 원인으로 서식지 파괴와 야생 동물 거래가 지목되었다는 점에서, 팬데믹으로 인해 또 다른 피해를 입은 동물의 목소리를 대변하고자 2020년 생명다양성재단이 발표한 것이다. 인간의 이기심으로 멸종 위기에 놓인 동물의 입장에서 인간을 향해 '절멸 선언'을 외친 것으로, 세종문화회관 야외 계단에서 유언 형식의 글을 낭독하는 퍼포먼스 방식으로 진행되었다.

두 번째 시국 선언문은 2023년에 발생한 교권 사건과 관련된 것으로, 당시 한 초등학교 교사의 사망을 애도하며 서울교육대학교 교수들이 발표한 선언문이다. 특히 이 선언문은 단순한 추모를 넘어 해결 방안까지 제시해, 시국 선언문이 드러내는 현 시국의 문제점을 다시금 성찰하게 했다.

마지막으로는 1960년대 서울대학교 문리과대학 학생 일동이 발표한 4·19 시국 선언문이다.

학생들은 이 세 편의 시국 선언문을 읽고 4·19 영상까지 시청한 뒤, 시국 선언문에 들어가야 할 요소를 다음과 같이 파악했다.

첫째, 시국 선언문이 쓰인 시기는 언제인가.

둘째, 그 시국의 상황은 어떠한가.

셋째, 시국 선언문에 적힌 요구, 즉 해결 방안은 무엇인가.

넷째, 제안한 해결 방안을 통해 엿볼 수 있는, 시국 선언자들이 인식한 현 시국의 문제점은 무엇인가.

[5~6차시] 검색창 너머를 보는 눈
다층적인 정보 속에서 신뢰성 읽기, 바르게 인용하기

앞서 모둠별 주제에 맞게 각자 스크랩한 신문을 공유한 뒤, 모둠에서 구체적으로 다루고자 하는 사회문제(사건)를 선정하도록 했다. 이때 학생들에게 안내해야 하는 점은 "왜 이런 사건이 발생했을까? 어떻게 해결할 수 있을까? 현재 이 문제(사건)에 대해 어떤 정책이 있을까? 현재 정책이 해당 문제(사건)를 해결하지 못하는 이유는 무엇일까?"라는 질문을 던지도록 하는 것이다. 구체적인 고민이 없으면 무미건조한 글이 나오기 마련이다. 여러 사건을 다양한 각도로 바라보며 해결 의지가 샘솟는 사회문제(사건)를 선정할 수 있도록 해야 한다.

학생들에게 정보원은 책과 저널, 논문, 인터넷 세 종류를 제공한 뒤, 이 중 한두 개를 선택하도록 했다. '책과 저널'은 비교적 정보 접근성이 낮으므로, 모둠 내에서 학업 역량이 뛰어나거나 평소 책을 자주 읽어 발췌 능력이 뛰어난 학생들이 자발적으로 선택할 수 있도록 안내가 필요하다. 또 사서 선생님께 부탁해 본격적인 정보 탐색 수업 전에 학생들이 선정한 주제에 맞춰 관련 전문 서적을 준비해둬야 한다(덧붙여, 모두가 아는 《과학동아》《독서평설》을 제외하고 추천하고 싶은 저널은 《한편》《스켑틱》《유레카》다).

이후 자신들이 찾은 기사와 세부 목표에 있는 키워드를 기반으로, 또 다른 기사나 대화형 인공지능 프로그램을 활용해 '키워드 지도'를 제작한다. 키워드 지도는 키워드 간의 상관관계뿐 아니라, 해당 키워드를 넣고 검색했을 때 나오는 자료 속에서 또 다른 키워드를 연계해 단어들을 마인드맵 형식으로 그려나가는 활동이다. 논문 자료 플랫폼 사이트나 인터넷에서 내가 구하고자 하는 정보를 보다 좁은 범위에서 검색할 수 있어, 자료의 정확도가 높아지는 강점이 있다. 예를 들어 '일자리 창출'이라는 키워드로 검색하는 것보다 '중소기업' '가치 노동' '취약 그룹 노동자'라는 키워드로 검색하면 비교적 명확한 정보를 얻을 수 있다.

키워드 지도까지 만들었다면, 본격적으로 학생들이 해결해야 할 목표를 달성하기 위해 원인과 결과, 원인을 없애거나

표4 신뢰할 수 있는 정보원 판별 기준

정보원	신뢰성 평가
창작자의 권위	해당 분야 전문가인가? 예) 교수, 기자, 연구원, 공공기관 등
	지식in 서비스, 개인 블로그는 참고 가능하나, 정보원의 신뢰성은 부족함
목적성	공공기관(정부·교육·비영리기관)인가? 예) 도메인이 or.kr / go.kr / re.kr 등
	상업용 사이트는 안 되고, 언론기관은 논점 주의! 공공기관이 운영하는 블로그는 괜찮음
정확성	사실에 근거한 정확한 정보를 제공하는가? 예) '~에 따르면'
	링크되어 있는 항목이 활성화되어 있는가?
	모든 인용문의 출처를 밝히고 있는가?
최신성	창작 일자, 검색 일자, 마지막 업데이트 일자
	인터넷 정보는 오리지널 데이터 확인 필수

결과를 완화할 다양한 대안을 찾아 나설 때다. 먼저 정보원의 신뢰성을 평가하는 방법(표4)을 활동지로 제시한 뒤, 구체적인 예시를 들어 설명했다. 또 신뢰할 수 있는 사이트를 판단하기 어려워하는 학생들을 위해 대표적인 사이트와 QR 코드(표5)를 제공함으로써 학술·논문 자료에 치우치지 않도록 했다.

도서 검색	독서로 (교육청 통합)		학술 기사	DBPia	
학위 논문	국회전자 도서관		뉴스 기사	빅카인즈	
통계	국가 통계 포털		정책	대한민국 정책 브리핑	
개념 및 정의	백과사전		네이버		
			다음		
인터넷 일반 검색	구글, 네이버 등 동시 검색 후 교차 검토로 정보의 신뢰성 체크				
영상 검색	공공기관 유튜브, 언론 매체 등				

평소 대다수 학생이 학술 자료 플랫폼만 활용했으나, 다양한 정보원을 제공하자 훨씬 다채로운 주장과 근거를 담을 수 있었다.

이 수업의 또 다른 목표였던, 표절이 아닌 올바른 인용 방법 (표6, 표7)도 활동지로 안내해 학생들이 꼭 지킬 수 있도록 했

표6   정보 수집 관련 평가 요소

평가 요소	배점	
정보 수집	적절한 검색 키워드를 다양하게 설정한 뒤, 신뢰할 수 있는 정보원에서 정보를 수집하고 선별했으며, 양식에 맞춰 출처를 정확히 기재함.	10
	검색 키워드를 설정한 뒤, 신뢰할 수 있는 정보원에서 일부 정보를 옮겨 적었으며, 양식에 맞춰 출처를 정확히 기재함.	8
	검색 키워드를 일부 설정한 뒤, 정보원에서 일부 정보를 옮겨 적었으며, 출처 서지 사항을 일부 기록함.	6
	검색 키워드를 설정하고, 정보원에서 일부 정보만을 수집한 뒤, 출처를 기재하지 않음.	4

표7   정보원별 출처 표기 방식

정보원	출처
단행본	저자명(출판 연도), 도서 제목, 출판사.
학술지	저자명(출판 연도), 논문 제목, 학회 이름 권(호), 수록 페이지.
신문	기자명(발행 연. 월. 일.), 기사 제목, 신문사명, 페이지 또는 〈URL〉
인터넷	웹사이트명(작성 연도), 자료 제목, [검색 날짜], 〈사이트 주소〉

다. 수행평가 점수 25점 중 정보 수집 및 올바른 표기에 10점을 배치했을 정도로 수업의 큰 줄기였다. 학생들이 수집한 자료 문구를 직접 인용하는 것을 금지하고, 필요한 내용을 육하원칙에 따라 자신의 말로 요약한 간접 인용으로 서술하도록 했다. 앞서 신문 기사를 육하원칙으로 요약하는 활동이 있었기에 보다 수월하게 운영할 수 있었다.

인터넷을 매체로 활용하는 학생들은 URL 주소를 적어야 하므로, 종이에 직접 쓰기보다는 전자기기를 활용하는 방식이 좋다(이듬해에 동일한 정보 찾기 교육 수행평가를 종이로 운영했더니, 인터넷을 선택한 학생들이 작성하는 데 부담을 느꼈고 이전 학생들보다 점수가 낮았다). 대학 진학 후 보고서나 과제는 전자기기를 기반으로 작성할 것이기에 이를 고려해 학습 환경을 조성할 필요가 있다.

[7~8차시] 의견이 모이면 방향이 된다
문제 해결 방안 토의하기

시국을 걱정하며 누군가에게 자신의 의견을 피력하고자 한 이들은 동서고금을 막론하고 언제나 존재했다. 과거에는 타당하게 여겨졌지만 역사의 흐름을 타고 현대에 와서는 타당하지 않다고 여겨지는 주장도 있고, 이와 반대인 주장도 존재한다. 그래서 비판적 읽기를 수업할 때 과거 선조들의 상소문을 많이 활용하는 편이다.

먼저 학생들 사이에서 여러 의견으로 나뉘는 〈최만리의 상소문〉을 활용했다. 한글(언문) 반포에 반대하며 여섯 가지 근거를 들어 주장을 편 상소문을 읽은 학생들은 단순히 '지금 시점으로 바라봤을 때 옳지 않아'라고 단정 짓지 않고, 최만리의 근거를 따져보며 그의 주장에 공감하기도 했다. 특히 왕이 될 세자가 한글을 만드는 데 시간을 쓰는 것은 낭비라는 주장에 꽤 많은 학생이 동의해 모둠 내 토론이 흥미롭게 전개되었다. 이처럼 〈최만리의 상소문〉은 신뢰성, 공정성, 타당성 측면에서 학생들의 의견이 나뉘는 지점이 다양해, 토론 과정에서 다른 학생들의 주장과 근거의 적절성을 판단하는 기회가 되었다. 처음에는 시간적 여유가 없어 굳이 토론을 해야 할지 고민이 많았지만, 학생들은 모둠 활동을 하며 교사가 가르쳐준 내용보다 더 많은 걸 체득한다는 사실을 다시금 깨닫게 되었다.

이제는 모둠별로 정한 주제에 대한 본격적인 토의를 진행할 차례다. 모둠별로 지난 5~6차시 때 수집한 자료를 기반으로, 해당 사회문제를 해결하기 위한 최적의 방안을 논의했다.

학생들은 자신이 제안하고 싶은 해결 방안을 뒷받침하기 위해 수집한 자료를 모둠원에게 제시하며 설명했다. 이 토론 과정은 집단 지성을 활용하는 단계이기도 했다. 모둠 인원은 4명이고 한 사람당 3개의 자료를 수집했으니, 모둠에서 접할 수 있는 자료는 총 12개로 늘어났다. 토의에 참여한 학생들은 원문을 읽지 않더라도 해당 자료를 수집한 학생이 자료를 근거로 삼아 주장하는 의견을 들으며 추가적인 정보를 메모할 수 있었고, 자료 밑에 출처가 적혀 있어 필요하면 원문을 직접 찾아볼 수 있었다.

토의 과정은 이미 단순 정보 공유를 넘어서고 있었다.

"아니, 이런 식이면 법을 개정하는 이유가 뭐야!"

평소 큰소리를 내지 않는 선후가 화를 냈다. 선후가 속한 모둠은 일명 '순살 아파트'와 관련된 사회문제를 다루며, 부실 공사 해결 방안을 논의하고 있었다.

"선생님, 문제가 일어나서 건설법이 생기더라도 개정법 이후에 세워진 건물에만 적용된대요. 이게 말이 되나요? 미국이나 영국은 건축법상 치명적인 위협이 되는 경우 법이 개정되기 전에 지어진 건물에도 일괄 적용한다는데, 우리나라도 그래야 하는 거 아니에요? 아, 진짜 화나네. 순살 아파트는 계속 철근 없이 있다는 거 아니야. 모르고 그런 아파트에 들어가면 어떡해. 대형 사고가 터지고 나서 법을 개정하면 도대체 무슨 소용이냐고. 소급 적용해야지!"

주변을 둘러보니 다른 모둠도 비슷했다. 배달 노동자의 노동권 문제를 다루는 모둠에서는 누군가는 배달 플랫폼의 구조에 관해, 누군가는 배달 노동자들의 계약 형식에 관해 분노하고 있었다. 지난 학기에 편의점 아르바이트생의 최저시급을 이야기하며, 노력하지 않은 사람들을 위해 자신들이 왜 피해를 봐야 하느냐고 주장했던 그 학생들이 맞나 싶었다.

학생들이 여러 사회문제 속에서 고통받는 이들에게 공감하고 함께 분노하는 모습을 바라보며, 지난 학기의 발언은 그 학생들의 개인 성향 탓이 아니라 '관심과 정보 부족' 때문이었음을 알게 되었다. 동시에 학생들이 사회에 관심을 가지고 깊이 들여다볼 기회를 만들어주는 것이야말로 교사의 사명임을 깨닫는 순간이기도 했다.

표8 **학생들이 작성한 토의 기록표 예시**

문제 인식	✦ 토의의 목적을 확인한 뒤, 문제의 본질을 정의하고 문제의 범위를 설정
	성남시 교량 붕괴 사고처럼 일상 공간에서 갑작스레 발생하는 참사를 예방하고, 구조적 원인을 해결할 수 있는 국가적 정책 방향을 탐색해야 한다. 문제의 본질은 노후 인프라에 대한 점검과 유

지 보수가 제때 이뤄지지 않았고, 사고 가능성에 대한 경고나 사전 조치가 부족했다는 것이다. 따라서 이는 단순한 '사고'가 아니라, 시스템적 부재와 관리 소홀이라는 구조적 문제에서 비롯된 참사다. 우리는 그중에서 사전 점검 및 경고 시스템의 부재 및 지방 자치단체와 중앙 정부의 책임 분산 구조에 관해 토의하고자 한다.

✦ 해결책을 마련하기 위해 다양한 의견을 교환함
✦ 인식한 문제를 해결할 수 있는 다양한 대안 제시
  - 대안은 타당한 근거를 들어 구체적으로 제시
  - 문제와 관련된 다양한 측면을 고려해 여러 가지 대안 제시

[민서] 전국 노후 인프라 정기 점검 및 위험 등급 공개 의무화

일정 연식을 넘긴 교량, 도로, 건물 등의 인프라를 대상으로 국가 또는 지자체가 정기 점검을 실시하고, 그 결과를 '위험 등급'으로 분류해 시민에게 공개한다. 삼풍백화점, 성남시 교량 붕괴 등 사전 징후가 있었음에도 주민들은 몰랐던 경우가 많다. 위험 정보의 투명한 공개는 시민 경각심을 높이고, 행정의 책임감 있는 조치를 유도할 수 있다. 일본의 경우 실제로 '시설 노후화 지수'를 대중에게 공개해 시민 참여 점검이 가능하도록 안내하고 있다.

[준우] 지자체 시설물 관리 예산 및 인력 확보를 위한 국고 지원 확대

지방 정부는 예산과 전문 인력이 부족해 시설 관리에 어려움을 겪는다. 국가 차원의 지원금을 별도 항목으로 배정해 각 지자체 인프라 유지 보수에 전담할 수 있는 조직과 인력을 두게 해야 한다. 지방 정부에만 책임을 묻기보다, 중앙 정부가 사전 예방 차원의 책임 분담을 해야 한다. 특히 전문가 부족 문제는 인프라 붕괴를 반복시키는 구조적 원인이다. 실제로 독일은 연방 정부 차원에서 '지방 인프라 유지 보수 기금'을 운영하고 있다.

[선후] 기존 건축물에 대한 '역적용 안전 심사제' 도입

법령 제정 이전에 지어진 노후 건축물이나 기반 시설에 대해서도 일정 기준 이상의 위험 요소가 발견되면, 현행 안전 기준을 '소급 적용'해 안전 보강 또는 사용 제한 조치를 의무화해야 한다. 현

재는 '법 만들기 전 건물이니 해당 없음'이라는 이유로 수십 년 된 위험 시설들이 그대로 방치되곤 한다. 하지만 시민의 생명과 안전에 있어 형평성과 현실성 있는 적용이 필요하다. 특히 다중이용시설이나 공공건물은 예외 없이 철저한 재검토가 필요하다. 유럽 일부 국가는 지진 취약 지역에 있는 모든 건물에 대해 일정 기한 내 보강 명령을 내리며, 이를 이행하지 않으면 사용 중지 조치를 취하고 있다.

✦ 제시된 대안 가운데 가장 적절한 대안을 선택하기 위한 판단 준거 선정

✦ 판단 준거는 해결해야 할 문제나 공동체의 특성에 따라 실현 가능성, 비용, 효율성, 시간 등 다양하게 선정

- 실현 가능성: 법적·행정적 제약 없이 실제로 시행 가능한가? / 제도 도입을 위해 필요한 절차 속에서 이해 충돌이 얼마나 클 것인가?
- 비용 부담: 재정적으로 감당할 수 있는 대안인가? / 개인(건물주)에게 과도한 부담을 주는 대안은 아닌가?
- 효율성: 사고 예방 효과가 실제로 얼마나 클 것인가?
- 시급성: 얼마나 긴급한 문제인가?

✦ 선정된 판단 준거를 기준으로 제시된 대안들을 분석하고 평가

✦ 최선의 해결책을 마련하기 위해 가능한 한 객관적인 입장에서 합리적으로 각 대안의 장단점 파악

[민서] 전국 노후 인프라 정기 점검 및 위험 등급 공개 의무화

실현 가능성은 높다. 기존 제도를 강화하는 수준이기에 행정적 부담이 상대적으로 적고, 시민의 알권리를 보장하는 측면에서 사회적 공감대를 형성하기 쉽기 때문이다.

비용 부담 또한 낮다. 정기 점검 및 공개 시스템 도입 정도에만 예산이 사용된다.

효율성은 낮다. 사전 대처가 가능하다는 지점에서 예방 효과가 있으나, 공개만으로는 물리적 개선이 어려울 수 있다.

시급성은 높다. 노후 시설이 당장 위험하므로 빠른 점검 및 경고 체계 도입이 시급하다.

[준우] 지자체 시설물 관리 예산 및 인력 확보를 위한 국고 지원 확대

실현 가능성이 낮다. 예산 확보는 정치적 논의가 필요하므로 행정 절차가 복잡할 수 있다. 또 중앙-지방 간 예산 배분 문제로 조율 시간이 소요되기 때문이다.

비용 부담은 중간이다. 지속적인 예산 투입이 필요하므로 재정 부담이 크다. 다만 개인이 아닌 정부 예산이라 개인에게는 부담이 적게 느껴질 수 있다.

효율성은 높다. 전문 인력과 정기 점검 시스템 확보 시 근본적인 인프라 개선이 가능하며, 장기적 예방 효과가 크다.

시급성은 장기적 체계 구축이긴 하나, 인력 부족 문제는 빠르게 착수할 필요가 있다.

[선후] 기존 건축물에 대한 '역적용 안전 심사제' 도입

실현 가능성은 낮다. 법령의 소급 적용은 법적·정치적 논란 가능성이 크며, 건물주 반발, 법 개정 절차 등 이해관계 충돌이 크다.

비용 부담 역시 크다. 구조 보강, 리모델링 등 직접적인 비용이 개인에게 전가될 수 있으며, 정부 보조 없이는 실행이 어렵다.

하지만 효율성은 가장 높다. 가장 위험한 시설부터 물리적 개선을 요구하므로, 직접적 사고 예방 효과가 크다.

시급성은 높다. 위험 건축물은 당장 시민의 생명과 직결되는 매우 심각한 문제이기에 빠르게 해결해야 한다.

기존 건축물에 대한 '역적용 안전 심사제' 도입

효율성이나 시급성을 따졌을 때, 당장 위험한 건물부터 손보는 게 맞다고 생각한다. 물론 돈이 많이 들고 법 개정도 필요하겠지만, 사람 목숨이 달린 문제라면 그만큼 과감한 조치도 필요하다고 생각한다. 정부가 모든 부담을 주는 게 아니라, 위험도에 따라 지원을 차등적으로 하면 현실적인 접근도 가능할 것 같다.

이제 학생들은 시국 선언문에 들어가야 할 요소를 기반으로 개요를 작성하고 글을 썼다. 문제의 본질, 원인, 현재 정책의 한계, 그리고 자신이 제안하고자 하는 대안을 정리한 다음, 예상 독자를 누구로 삼을 것인지, 어떤 어조로 말할 것인지 고민하며 글을 천천히 빚기 시작했다. 한 학생은 부드러운 문체로 또래에게 변화해야 함을 설득하고 있었고, 또 다른 학생은 무관심한 학교 구성원을 비판하며 관심을 촉구하는 단호한 문체로 대자보를 적었다.

학생들에게 4차시 때 보여줬던 시국 선언문의 다양한 예시를 다시 보여주며 양식은 정해진 것이 없으니 자유롭게 쓰라고 안내했다. 다만 문제를 향해 공감만 담아내기보다는 글을 쓰는 목적을 떠올리며 책임과 제안을 포함하도록 강조했다. 이후 학생들의 글쓰기는 제법 뚜렷한 색깔을 띠며 이어지기 시작했다. 같은 주제를 다루더라도 누군가는 현 정책을 보완하는 것에, 누군가는 새로운 정책을 제안하는 것에 중심을 뒀다. 모둠원끼리 서로의 대자보를 읽으며 감탄하기도 하고, 더 나은 표현을 제안하며 서로의 글을 다듬어주기도 했다.

도서관에서 열렬히 토의하며 나눈 학생들의 연대의 마음은 학교 복도를 타고 흘러넘쳤다. 학생들은 시국 선언문을 쓰며 세상을 향해 말하는 화자로서, 필자로서 자격을 얻기 위해 자신과 사회를 성찰하는 과정을 겪었다. 우리는 침묵보다 나은 말을 하기 위해 스스로에게 두 달 반 동안 길고도 첨예한 질문을 던졌다.

오래되었다는 이유로 위험해도 괜찮은 법은 없다

이번 여름, 동네의 한 교량이 무너졌습니다. 그 다리는 오래되었고 위험하다는 이야기가 있었지만, 우리는 어떤 조치도 취하지 않았습니다. 그 결과, 누군가가 목숨을 잃었습니다. 사고 이후에도 달라진 건 없습니다. 여전히 우리는 오래된 건물과 시설 속에서 생활하고 있습니다. 문제는 알고 있지만, 법은 말합니다.

"이 건물은 법이 만들어지기 전에 지어졌기 때문에 기준을 적용할 수 없다."

그 말은 곧, 위험하더라도 괜찮다는 뜻입니다. 우리는 그게 잘못되었다고 생각합니다. 법이 만들어지기 전에 지어진 건물이든 아니든, 사람이 드나들고 생활하고 일하고 있다면 지금의 안전 기준으로 평가하고 조치해야 합니다.

그래서 우리는 다음과 같이 요구합니다.

첫째, 기존 건축물에도 현행 안전 기준을 적용할 수 있도록 법을 개정하라.

둘째, 위험성이 확인된 건물에 대해 보강, 제한, 철거 등의 조치를 가능하게 하라.

셋째, 건물주나 주민에게 모든 부담을 지우지 말고, 국가가 재정적 지원 방안을 마련하라.

이 세 가지가 포함된 '기존 건축물 역적용 안전 심사제'는 더 늦기 전에 반드시 도입되어야 합니다. 우리는 생각합니다. 이미 있는 위험을 외면하는 것은 알고도 방치하는 것이며, 결국 또 다른 참사를 부르는 일입니다.

우리는 오늘, 그 책임이 누구에게 있는지 분명히 밝히고, 더 이상 침묵하지 않겠다고 선언합니다.

2023년 7월 25일 김선후

그 뒤 학교를 옮긴 2024년 겨울, 함께 협력 수업을 진행했던 사서 선생님이 반가운 소식을 전해주셨다. 선후가 도서관에 다녀갔다는 것이다. 고등학교 2학년이던 선후는 어느덧 수능을 치르고 결과를 기다리는 중이었다. 선후는 대뜸 도서관에 찾아와서 사서 선생님께 말을 걸었다고 한다.

"선생님, 이번에 아파트 사전 점검 전 '공사 완료 의무화' 시행은 지금 공사 중인 아파트에도 소급 적용될 예정이래요! 제가 소급 적용해야 한다고 주장했거든요!"

선후는 자신이 걱정하던 사회문제가 해결되는 과정에 기여한 것 같은 기분이 든다며, 뿌듯한 표정과 목소리로 자신의 선견지명을 자랑스러워하며 교실로 돌아갔다고 한다.

나는 수업 시간은 물론, 해당 수업이 끝난 후에도 우리의 작은 대자보가 과연 어떤 힘을 가질 수 있을지 고민했다. SDGs를 활용한 시국 선언문 작성하기 수업이 학생들에게 실제로 도움이 되었을까 걱정하던 내 모습을 기억하고 있던 사서 선생님은, 한 명의 학생이라도 자신이 주장한 바가 사회에 적용되는 걸 목격했으니 그 의미는 차고 넘친다는 것을 전해주기 위해 연락하셨다고 한다. 하나의 문제를 깊이 탐구하고 이를 해결하기 위해 목소리를 낸 학생들은 앞으로 더 넓은 시야를 가지고 연대할 줄 아는 어른으로 자랄 것이라는 확신이 들었다.

학생들은 시국 선언문을 쓰는 과정을 통해 자신의 시선이 누구를 향해야 하는지, 자신이 말하고 싶은 바를 누구에게 어떻게 써야 하는지 아는 한 사람으로 성장했다. 또 아름다운 목적이 훼손되지 않기 위해서는 아름다운 쓰기 방식도 필요하다는 사실을 깨달으며, 타인의 지적 재산권을 존중하는 필자가 되었다. 멋진 어른이자 멋진 필자로 성장하는 길에 함께할 수 있었던 것은 큰 영광이었다. B고등학교 심화국어반 학생들에게 감사한 마음과 존경을 전한다.

인공지능 시대의 윤리
챗GPT를 대하는 우리의 자세

2023년 '시국 선언문 쓰기' 수업을 진행할 때, 많은 사람이 당시 처음 등장한 대화형 인공지능에 충격을 받기도 하고 동시에 두려워하기도 했다. 나는 정보를 수집해 쓰는 글의 유형을 가르치고 있던 터라 학생들에게 챗GPT를 활용해보자고 했지만, 학생들도 낯설어하며 자신들에게 익숙한 유튜브나 책 같은 매체를 활용하는 모습을 보였다. 새로운 것을 유용하게 쓸 수 있는 기회라고 생각했기에 아이들이 흥미를 보이지 않는 것이 못내 아쉬웠다.

그렇게 챗GPT 활용을 권하던 나는 2025년 여름, 교과 학생들에게 안내하는 채팅방에 공지를 올렸다.

"챗GPT를 그대로 사용할 경우, 해당 탐구는 참여하지 않은 것으로 간주하겠습니다."

전 세계에서 챗GPT 유료 사용자가 두 번째로 많다는 대한민국에서 나 역시 유료 사용을 하지 않을 수 없었다. 아이디어가 막히거나 각종 행사의 운영 계획서를 작성할 때 큰 도움을 받고 있다. 하지만 학생들은 챗GPT를 자료 수집의 도구로 활용하는 것이 아니라 자신의 사고를 대신하는 도구로 사용하고 있었다. 예를 들어 한 학생은 '국물'의 표준 발음이 [궁물]이 아니라 [국물]이라고 서술한 탐구보고서를 작성했다. 또 한강의 《소년이 온다》를 읽은 학생 대다수가 이 책을 읽게 된 동기는 '역사적 사건을 수치가 아닌 개인의 이야기로 바라보기 위해서'였다. 심지어 어떤 학생은 여성주의 작품을 탐구하면서 존재하지 않는 작가의 작품을 인용해 보고서를 작성하기도 했다. 많은 학생이 출처를 확인하지 않은 자료를 사용하거나, 자신이 책을 읽게 된 동기조차 인공지능에 의존하고 있다는 사실이 안타까웠다. 이를 학생일 때 바로잡지 않는다면 사회가 더 큰 혼란에 빠질 것이라는 생각이 들었다.

개학 후 첫 수업, 나는 챗GPT가 얼마나 거짓말을 잘하는지,

또 잘못된 정보를 얼마나 그럴싸하게 전달하는지 학생들에게 문법 질문이나 문학작품과 관련한 질문을 통해 보여줬다.

우리는 인공지능이 주는 자료를 단순히 수용해서는 안 됩니다. 그 정보가 어디에서 오는지, 적법한 과정을 거쳐 제공된 것인지 확인해야 합니다. 즉, 인공지능을 사용할 때는 교차 조사가 필수적이며, 동시에 원출처를 다시 확인해 해당 출처를 밝혀주는 과정이 필요합니다. 무에서 유가 만들어질 수 없듯이 우리가 사용하는 정보가 어디에서 오는지, 믿을 수 있는 정보인지 탐색할 줄 아는 눈을 길러야 합니다.

'정보의 홍수'라는 말이 관용적 표현으로만 느껴지지 않는 요즘, 필자는 더욱 명확한 윤리 의식을 지녀야 한다. 앞으로 어떤 미래가 다가올지는 알 수 없으나, 그 커다란 변화 속에서도 변치 않는 가치와 태도는 분명 존재한다. 그러므로 국어 교사는 끊임없이 고민하며 답을 찾아나서야 할 것이다.